見て納得

おいしい**料理**のサイエンス

いつもの味が生まれ変わる極上レシピ

杉山 文 著

化学同人

はじめに

　おいしく調理するために，まずは調理技術を習得することが必要で，そのためには多くの経験を積まなければなりません．経験を長い間重ねていくうちに，食材の扱い方や組み合わせなどの調理技術を習得します．料理の現場では食材の特性を活かして調理していく技法が「こつ」として伝承されていますが，「調理のこつ」はすべて科学的根拠に基づいています．

　私自身，管理栄養士養成校で調理学の講義を担当していますが，今まで出会ってきた「調理のこつ」の多くが，調理学の知識により理論づけられると実感しています．そして，おいしく調理するために調理技術を学ぶにあたっては，食材がもつ性質をきちんと理解することも必要です．

　実際に調理をしていると「なぜそうなるの？」，「どうしてそうするの？」など疑問がたくさん浮かんできます．これらの疑問に対する答えや，一つ一つの食材に起こっている変化などを知ることが，調理学の面白いところです．そして学んだ理論に基づいて作業をすると，今までとは違ったより的確な調理技術が身についていることがわかるでしょう．

　調理の際に，理論を確認しながら作れるような書籍を作成したいと長年考えておりましたが，実際には難しく，なかなか実現には至りませんでした．この度，化学同人の山本様からご依頼をいただき，実現することができました．

　長年調理学を教え，調理に携わってきた経験から，本書では基本的なレシピを掲載しています．基本的なレシピを学んでおけば，いろいろな応用レシピが作れるからです．また調理をしていて感じる「なぜ？」の部分は「調理の Science ポイント」として，本書のさまざまな箇所で紹介しています．調理の楽しさや大切さを実感していただきながら，疑問をもったときにすぐに手に取り理論を確認できる本として，一人でも多くの方のお役に立てればと願っております．

　この本は，管理栄養士・栄養士養成課程で学ぶ学生さんたちの調理学，食品学の副読本として，また実際に調理に携わる人だけではなく，食の専門分野の人々や調理に興味がある人などに幅広く活用していただければ幸いです．

　各章で取り上げた食品は，調理学の分野で重要なものを選んでいます．料理は代表的で基本的なものを選び，和風，洋風，中華風のレシピをそろえています．

　最後に刊行にあたり，制作・編集にご尽力いただいた化学同人の山本富士子様に厚く感謝を申し上げます．

2020 年 6 月

著者　杉山　文

目　次

はじめに　iii

第1章　肉料理のサイエンス　1

【調理のScienceポイントがわかる　おいしいレシピ】

第2章　魚料理のサイエンス　23

【調理のScienceポイントがわかる　おいしいレシピ】

目次

【調理の Science ポイントがわかる　おいしいレシピ】

炊き込み飯　94／巻きずし　96／チキンピラフ　97／五目炒飯　98／電子レンジで作るかんたん中華おこわ　99／赤飯（炊きおこわ）　100／赤飯（こわ飯）　100／草もち（上新粉）　102／いちご大福（白玉粉）　103／桜もち：関西風（道明寺粉）　104／スパゲティミートソース　106／冷やしそうめん　108／冷やし中華　109／マカロニグラタン　111／バターロール　113／ピザ　114／肉まん, あんまん　115／アメリカンクッキー　116／マフィン　117／スポンジケーキ　118／シュークリーム　119／ミルフィーユ（折り込みパイ）　120／折り込みパイ　121／五目豆　123／黒豆　124
【コラム】だしの種類　95
【ひとくちメモ】スポンジケーキの生地の泡立て　112

レシピについて

① 本書中で使用する食品名は，基本的に「日本食品標準成分表 2015 年版（七訂）」に準じていますが，一般によく使用されている食品名を使用しています．

② 本書で使用している計量カップは 200 ml（1 カップ）です．

③ 材料の分量は基本的に「1 人分」で，可食部の重量（g）で表しています．レシピによっては，作りやすい分量で示している場合もあります．

④ レシピごとに，およその調理時間，エネルギー（エ），たんぱく質（た），脂質（脂），食塩相当量を示しています．とくに記載のない限り，「1 人分」を示しています．

⑤ 「しょうゆ」は基本的に「濃口しょうゆ」を表しています．「淡口しょうゆ」とともに使用するときは「濃口しょうゆ」と記しています．

⑥ バターは基本的には「有塩バター」を表しています．無塩バターを使用するときは，「バター（食塩不使用）」と記しています．

⑦ 小麦粉は，薄力粉，中力粉，強力粉を区別しています．

⑧ 中国料理の料理名は，標準的な中国語のルビを付けています．

⑨ オーブンなどの調理器具は，各メーカーの使用説明書などをよくお読みのうえ，正しくお使い下さい．

第 1 章
肉料理の
サイエンス

meat

どの料理に使うのか，調理に合った部位を選ぼう

1 { 肉の部位と特徴を知っておこう }

meat - - - - - - - - - - - - - - - - - - -

牛肉，豚肉，鶏肉が最も多く日常的に用いられており，それ以外に羊肉や馬肉なども食用とされています．食肉は動物の種類や品種，年齢の影響を受け，同じ品種でも体の部位、運動量、飼育方法によって肉の硬さ、色、味，調理方法が異なるので調理法に合った部位を選びましょう。

図　食肉の種類とそれぞれの部位

	部　位	特　徴	調 理 例
牛肉	バ　ラ	赤身と脂肪が層になり三枚肉ともいう 肉は硬めで脂肪が多い．エネルギーが高いが，濃厚なうま味がある	煮込み（ポトフ，シチュー，カレー），焼き肉
	ネック	筋が多く硬い．ひき肉にする	ひき肉料理，煮込み，スープ
	肩ロース	きめが細かく軟らかい．脂肪が霜降り状に入り風味，味がよい	焼き肉，しゃぶしゃぶ，すき焼き
	リブロース	肉のきめが細かく，霜降りも多く入り軟らかい	ステーキ，しゃぶしゃぶ，すき焼き
	サーロイン	最高の肉質．軟らかく，霜降り肉の風味はよい	ステーキ，しゃぶしゃぶ，すき焼き
	ヒ　レ	肉のきめが細かい．脂肪が少ない赤身	ステーキ，ロースト
	ランプ	軟らかい赤身	ステーキ，ロースト，たたき
	肩	硬い筋肉質	ひき肉料理，煮込み料理
	モ　モ	最も脂肪が少ない赤身．味は淡白	カツ，ステーキ，ロースト，すき焼き
	ス　ネ	筋が多く硬いので，ひき肉か煮込みにする	スープ，シチュー，煮込み，ひき肉料理
豚肉	肩ロース	ロースよりはきめが粗いがコクがある	とんかつ，焼き豚，炒め物，酢豚
	ヒ　レ	肉のきめが細かく脂肪が少なく，軟らかい	ヒレカツ，ソテー，ステーキ
	ロース	軟らかく風味がよい	とんかつ，しょうが焼き，ソテー，ステーキ
	バ　ラ	赤身と脂肪が交互に三層になり，三枚肉ともいう．脂肪が多く，きめは粗いが軟らかく濃厚な味	角煮，シチュー，炒め物，ベーコン
	モ　モ	脂肪が少ない赤身，きめが細かく軟らかい	ローストポーク，ソテー，とんかつ，ステーキ
鶏肉	ササミ	脂肪が少なく軟らかい．味は淡白	刺身，和え物，椀種，サラダ
	ム　ネ	脂肪が少なく軟らかい．味は淡白	焼き物，揚げ物，蒸し物，カツ，ソテー
	モ　モ	筋肉質でやや硬いがコクがある	焼き物，煮込み，揚げ物
	手　羽	肉は少ないがゼラチン質を多く含み，脂肪があり味がよい	ロースト，煮込み，揚げ物

表　肉の部位の特徴と調理例

ローストビーフ

調理時間 60分	エ	353 kcal
	た	21.1 g
	脂	21.8 g
	食塩相当量	2.1 g

ローストビーフ
に適した部位

牛サーロイン　牛ロース　牛モモ

材料（4人分）

牛肉（かたまり）・・	400 g
塩（肉の重量の1%）・・	4 g
黒こしょう・・・・	少々
サラダ油・・・・・	12 g

＊香味野菜
たまねぎ　・・	1/4 個
にんじん　・・	30 g
セロリ　・・	1/4 本
にんにく　・・	2 片

＊つけ合わせ
じゃがいも　・	300 g
塩・こしょう　・	少々
クレソン　・・・	適量

＊グレービーソース
赤ワイン　・・	30 ml
ブイヨン　・	200 ml
塩・こしょう　・	少々

［作り方］

1　牛肉は焼く前に室温に戻しておく.

2　たまねぎ，にんじん，セロリ，にんにくはうす切りにする.

3　じゃがいもは皮をむき，一口大に切り水にさらす.鍋に水，じゃがいもを入れ固めにゆでる.

4　牛肉はタコ糸を巻いて形を整え，肉の表面に塩，黒こしょうをすり込む.

5　フライパンを熱し，サラダ油をひき，④の肉を入れ強火で表面を焼く.

6　オーブン皿に②をしき，その上に⑤をのせる.横に③のじゃがいもをのせ塩，こしょうで味をつける.200℃に予熱したオーブンで約20分焼く.途中肉から出た油をかけながら焼く.

7　オーブンから取り出し，アルミホイルに包み約15分休ませる.

［グレービーソース］

① オーブン皿から香味野菜を鍋に移す.オーブン皿の余分な油はふき取る.

② オーブン皿に赤ワインを入れ，底のうま味をこそげ取る.

③ ①に②を入れブイヨンを加え，軽く煮詰めてこし塩，こしょうで味を調える.

＊グレービーソースとは，肉を焼いたときに出る肉汁をこして味を調えたソース.

○仕上げ

休ませた肉を薄く切り器に盛り，じゃがいも，クレソン，グレービーソースとともに盛りつける.

調理の Science ポイント

・肉の中心部が冷たいと火が通りにくいので，肉は焼く30分ほど前に冷蔵庫から出す.

・塩は早くから振ると，浸透圧の作用で肉汁が表面に引き出され，肉が硬くなるので焼く直前に振る.

・フライパンで肉の表面を強火で焼き，表面のたんぱく質を凝固させておくと，うま味のある肉汁の流出が少なくなる.

・中心部がレアからミディアムくらいになるよう，中心に赤身を残した状態に焼き上げる.

・アルミホイルに包み休ませるのは，焼き上がった肉はすぐに切ると肉汁が流れ出てしまうためである.

色の変化とドリップに注意しよう

2 { 新鮮な食肉の見分け方は？ }

meat ‑

赤身の肉の色が鮮やかで，明るい赤色（鮮紅色）でつやのあるものを選びます．肉の酸化が進むにつれて鮮度が落ち，褐色になります．脂肪が白色，または乳白色のもの，ドリップ（肉を解凍したときに出る流出液）が染み出ていないものを選びましょう．

ドリップ

ミオグロビン → オキシミオグロビン → メトミオクロモーゲン

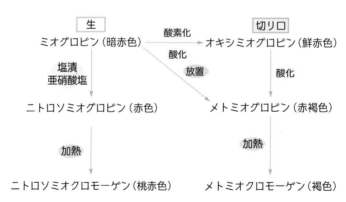

図　食肉の色の変化

生の食肉の赤色は肉色素のミオグロビンによるもので，ミオグロビンの多い肉は赤く（牛肉，馬肉），少ない肉はピンク色をしている（豚肉，鶏肉）．新鮮な肉の内部の色は暗赤色で，空気中の酸素と結合すると鮮赤色のオキシミオグロビンになり，長時間放置すると酸化し，赤褐色のメトミオグロビンになる．また肉を加熱（煮る，焼くなど）すると，褐色のメトミオクロモーゲンに変化する．

ハムやソーセージの製造では，肉に発色剤の亜硝酸塩を添加するとニトロソミオグロビン（赤色）に変化し，これを加熱するとニトロソミオクロモーゲン（桃赤色）になる．

ビーフステーキ

調理時間 20分

エ	425 kcal
た	20.5 g
脂	31 g
食塩相当量	1.3 g

ビーフステーキ
に適した部位

牛モモヒレ　牛ロース

牛サーロイン

材料（1人分）

牛肉 ・・・・・100 g
＊下味
塩・・・・・0.8 g
（肉の重量の0.8%）
こしょう ・・・少々
サラダ油・・・・4 g
＊バターソース
バター ・・・・6 g
レモン汁 ・・・少々

パセリのみじん切り
・・・・・・・・少々
＊つけ合わせ
じゃがいも ・・60 g
塩 ・・・・・0.3 g
（いも重量の0.5%）
こしょう ・・・少々
揚げ油 ・・・・適量
クレソン ・・・1本

〔作り方〕

1　牛肉は焼く前に室温に戻しておく. 筋切りし, 焼く直前に塩, こしょうする.

2　フライパンを熱し, サラダ油をひき肉を盛りつけたときに上面になる方から焼く. フライパンを動かしながら熱が均等に伝わるように焼く.

3　ほどよく焼き色がつけば, 裏返して同様に焼き器に盛りつける.

4　ソースをのせ, フライドポテト, クレソンを添える.

【バターソース】

バターは室温に戻し, ボウルに入れてすり混ぜ, レモン汁, パセリのみじん切りを混ぜる. ラップフィルムに包み, 棒状に形を整えて冷蔵庫で冷やす.

【フライドポテト】

じゃがいもは皮をむき, くし形に切り, 水にさらし水気を取る. 揚げ油で揚げ, 塩, こしょうを振る.

調理の Science ポイント

・肉は焼く 15〜30分前に冷蔵庫から出す.

・牛肉や豚肉のロース, モモやヒレは脂質が少なく, 赤身で軟らかいので, ステーキやローストに適している.

・赤身と脂身の間にある筋を切っておくと, 焼き縮みを防ぐことができる.

・塩の量は肉の重量の 0.8〜1% ほど. 塩は焼く直前に振る(p.3 参照).

・内部からうま味成分を含む肉汁を逃がさないために強火で焼く. 表面のたんぱく質を凝固させ, きれいな焼き色をつける.

・表面に焼き色がつけば裏返し同様に焼きアルミホイルで包み, 休ませる時間で好みの焼き具合にする.

・豚肉は寄生虫が生息している場合があるため中心まで十分に火を通す.

表　ステーキの焼き方と内部温度

焼き方	内部温度(℃)	内部肉色
レア	55〜65	鮮紅色
ミディアム・レア	約65	やや鮮紅色
ミディアム	65〜70	桃色
ウェルダン	70〜80	灰褐色

死後硬直による肉の変化

3 { 肉の熟成とは？ }

meat -

牛，豚，鶏などの食肉は，屠殺後は保水性が高く，肉質も軟らかいのですが，その後死後硬直が起こります．ここでは，死後硬直による肉質の変化，肉の熟成について説明します．

死後硬直

筋原線維たんぱく質のアクチンとミオシンが結合し，アクトミオシンを生成し，筋肉が収縮して硬くなります（死後硬直）．

死後硬直期は保水性が低下し，肉質が硬くなり，うま味も少なく食用には適しません．

pH の低下

動物は呼吸が停止すると酸素の供給がなくなり，筋肉中のグリコーゲンが分解され，乳酸が生成され pH が低下します．

生きている筋肉 pH7.4 → 屠殺直後 pH5.6 と変化します．

肉の熟成

死後硬直後，肉の酵素が作用し（自己消化），pH が上昇し，保水性が高まり，肉は軟化します．たんぱく質やエネルギー源である ATP（アデノシンミリン酸）が分解され，食肉の味に関するアミノ酸や IMP（イノシン酸）が増加し，うま味が出て食感や食味のよい肉質になります．これを肉の熟成といいます．

一時期ブームとなっていた熟成肉は，さらに長期間熟成させたものを指すと見られます．この「熟成肉」についての正式な定義はありません．

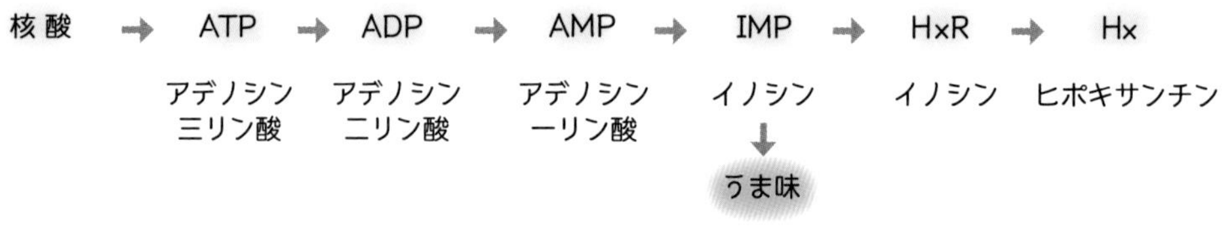

核酸 → ATP → ADP → AMP → IMP → HxR → Hx

アデノシン　　アデノシン　　アデノシン　　イノシン　　　イノシン　　ヒポキサンチン
三リン酸　　　二リン酸　　　一リン酸

↓

うま味

図　肉の熟成のしくみ

表　肉の熟成時間　2〜5℃

鶏肉	豚肉	牛肉
5〜7時間	3〜5日	8〜10日

熟成期間は肉の部位や保存の温度などによっても異なる．

4 { 肉の脂肪の違い }

meat –

食 肉の脂質は主としてパルミチン酸，ステアリン酸，オレイン酸でそれらの量は肉の種類や部位により大きく異なります．魚介類と比べ飽和脂肪酸の割合が多いため，融点が高く室温では固体ですが，融解温度は肉の種類により異なります

飽和脂肪酸と不飽和脂肪酸

牛脂や羊脂は飽和脂肪酸（脂肪酸に二重結合がないもの．パルミチン酸，ステアリン酸）を多く含むため，融点が高くなります．

豚脂や鶏脂は不飽和脂肪酸（脂肪酸に二重結合があるもの．オレイン酸，リノール酸）を多く含むため，融点が低くなります．

融点の違いと適した料理

融点の高い牛肉の牛脂は体温では溶けません．口溶けが悪いので牛肉料理は加熱し，熱い状態で食べる料理に適しています．コンビーフ，コールドビーフなど冷製料理に使用する場合は脂を取り除くか，脂肪の少ない部分を使用します．

豚脂，鶏脂は融点が体温に近く，口の中で溶けるので舌ざわりがよく，棒棒鶏や焼豚など冷製料理で使用することができます．また，ハムやソーセージなど，加熱せず食用にできる加工品にも使用されています．

牛 脂（ヘット）	40 〜 50℃
豚 脂（ラード）	33 〜 46℃
鶏 脂	30℃以下

牛肉の種類

一般に販売されている牛肉は，国産牛肉（乳用肥育牛肉，和牛肉）と輸入牛に分けられます．和牛肉では黒毛和牛が知られていますが，乳用肥育牛肉と比べ脂肪組織が入り（霜降り），肉質が軟らかく風味がよいとされています．

霜降り肉

霜降り肉は筋肉の中に脂肪組織が霜が降るように細かく分散し，肉質のいいものは網の目が細かく入っています．牛肉は豚肉に比べて筋線維が硬いので，脂肪組織が入ることで軟らかくなり加熱しても硬くなりません．リブロース，サーロイン，肩ロースなどの部位は霜降りが入りやすく，すき焼きやしゃぶしゃぶ，ステーキ，ローストビーフなどの料理には最高の部位になります．

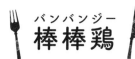
バンバンジー
棒棒鶏

調理時間
20分

エ	140 kcal
た	12.6 g
脂	6.2 g
食塩相当量	0.8 g

棒々鶏
に適した部位

鶏ムネ ｜ 鶏モモ

材料（1人分）

鶏ムネ肉・・・・・・・・・・・・・・50 g
きゅうり・・・・・・・・・・・・・・12.5 g
レタス・・・・・・・・・・・・・・・25 g
トマト・・・・・・・・・・・・・・・50 g
＊鶏の蒸し汁
　水・・・・・・・・・・・・・・・40 ml
　酒・・・・・・・・・・・・・・・・4 g
　ねぎの青い部分・・・・・・・・・少々
　しょうがの皮・・・・・・・・・・少々
＊ごまだれ
　練りごま・・・・・・・・・・・・4 g
　砂糖・・・・・・・・・・・・・・2.5 g
　酢・・・・・・・・・・・・・・・4 g
　しょうゆ・・・・・・・・・・・・5 g
　ごま油・・・・・・・・・・・・・1 g
　ラー油・・・・・・・・・・・・・少々
　しょうが・・・・・・・・・・・・0.5 g
　ねぎ・・・・・・・・・・・・・・2.5 g

〔作り方〕

1　鶏肉は身の厚い部分を開き，厚みを均一にする．

2　蓋つきの鍋に蒸し汁用の水，酒，ねぎの青い部分，しょうがの皮を入れる．

3　蓋をして沸騰するまで強火，沸騰すれば火を弱めて鶏肉に火を通す．

4　鶏肉を取り出して冷まし，細く裂く．皮はせん切りにする．

5　きゅうりは斜めうす切りにしてからせん切りに，レタスはせん切りにする．トマトは縦半分に切ったあと，横にうす切りにする．

6　ごまだれのしょうが，ねぎはみじん切りにし，ごまだれの調味料と合わせる．

7　器にトマトをしき，きゅうり，レタスを盛りつけ，上から④をのせ⑥をかける．

調理の Science ポイント

・肉基質たんぱく質の少ないムネ肉は脂肪が少ないので，加熱しすぎないように調理する．

・皮つきのままゆでると身の縮みが少なく，硬くなりにくい．

・ごまだれは練りごま，砂糖をよくすり混ぜ，酢を少しずつ加えると分離しにくい．

・ゆでた鶏肉は，完全に冷めてから繊維にそって細かく裂く．

5 { 肉を軟らかくおいしくする }

meat –

食 肉のたんぱく質は筋原線維たんぱく質，筋漿たんぱく質，肉基質たんぱく質から構成されています．バラやスジ，スネなどは肉基質たんぱく質を多く含みます．肉基質たんぱく質の主成分コラーゲンは水を加えて加熱すると，40℃くらいから凝固しはじめ，65℃くらいで肉が収縮して硬くなりますが，長時間加熱するとコラーゲンが分解し，ゼラチン化し軟らかくなります．

肉基質たんぱく質を多く含む肉は，東坡肉（p.11 参照）やビーフシチュー，カレーなど水中で長時間加熱する料理に適しています．一方，牛肉や豚肉のロースやヒレ，モモは，肉基質たんぱく質は少なく，筋原線維たんぱく質を多く含み，軟らかいので，ステーキやローストなど短時間加熱の料理に適しています．

機械的切断

筋肉線維に直角に切る，うすく切る，また硬い肉はひき肉にする，など方法があります．

厚い肉は肉たたきなどでたたいて，繊維をほぐすことにより筋線維が軟らかくなり，調味料が浸透しやすくなります．たたきすぎると，線維がつぶれ，肉汁が流れ出してしまうので注意しましょう．

しらたきで肉は硬くなる

牛肉のそばにしらたきを入れて煮ると，しらたきの凝固剤である水酸化カルシウムの作用で肉が硬くなります．下ゆでをしてから用います．

酵素作用による軟化

しょうが，パインアップル，パパイア，キウイフルーツなどを肉と合わせて使用すると，これらに含まれるたんぱく質分解酵素（プロテアーゼ）の作用で，たんぱく質が分解され肉が軟らかくなります．

料理例：しょうが焼き➡豚肉としょうが，
　　　　酢豚➡豚肉とパイナップル．

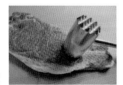

たたく

表　筋肉たんぱく質の種類，性質

分　類	たんぱく質名	性　質	含有率(%)
筋原線維たんぱく質	アクチン，ミオシン，アクトミオシン	肉の死後硬直，筋収縮に関与	50 ～ 60
筋漿たんぱく質	ミオゲン，ミオアルブミン，ミオグロビン	肉の色に関係	15 ～ 35
肉基質たんぱく質	コラーゲン，エラスチン	結合組織の成分，肉の硬さに関係	15 ～ 35

Recipe

タンドリーチキン

調理時間 40分

		185 kcal
エ		
た		14.4 g
脂		11.8 g
食塩相当量		1 g

タンドリーチキン
に適した部位

鶏ムネ　鶏モモ

材料（1人分）

鶏モモ肉・・・・・・・・・・・・ 80 g
＊鶏の下味
　塩・・・・・・・・・・・・・・ 0.2 g
　こしょう ・・・・・・・・・・ 少々
＊つけ合わせ
　ブロッコリー・・・・・・・・ 10 g
　ミニトマト(1個)・・・・・・ 15 g
＊鶏肉の漬け汁
　プレーンヨーグルト ・・・・・ 10 g
　しょうが(すりおろし)・・・・・ 1 g
　にんにく(すりおろし)・・・・・ 1 g
　カレー粉 ・・・・・・・・・・ 1 g
　トマトケチャップ ・・・・・・ 3 g
　パプリカ ・・・・・・・・・ 0.2 g
　レモン汁 ・・・・・・・・・・ 1 g
　塩 ・・・・・・・・・・・・・ 0.5 g

［作り方］

1　鶏モモ肉は身の厚い部分を開き，厚みを均等にし，下味をつける.

2　漬け汁の調味料を合わせ，①を漬ける(30分以上).

3　肉を取り出し，オーブン皿にのせ，200℃に予熱したオーブンで12〜15分焼く.

4　ブロッコリーは小房に分け，熱湯でゆでる. ミニトマトは輪切りにする.

5　鶏肉が焼ければ取り出して切り，器に盛りつけ，④を添える.

＊インドではスパイスを数種類配合して料理に使う. 手軽にはカレー粉を使用する. カレー粉には数種類のスパイスが配合されている.

＊タンドリーチキンとは，ヨーグルトやスパイスなどをつけ込んだ鶏肉を「タンドール」という円筒型の工窯で焼く料理である.

調理の Science ポイント

・鶏肉をヨーグルトで漬け込むと，乳酸の作用でpHが下がり，肉が軟らかくなり味がまろやかになる.

・ヨーグルトの脂肪球が臭みを吸着するので，生臭みが減少する.

ひとくちメモ：調味料による軟化

【マリネする(pHを低下させる)】

マリネとは，食品を調味した漬け汁に漬けたり浸したりすることで，にんじん，セロリ，たまねぎなどと漬け込むと，香りや風味がよくなる.

　肉をマリネする場合は食酢，果汁，香味野菜で漬け込む. またヨーグルト，みそ，しょうゆ，酒，ワインで漬けてから加熱すると肉が軟らかくなる. 軟らかくなるのは，漬け込むと調味料の影響でpHが下がり，肉の保水性が高まり膨潤するからである.

　加熱前の肉に約1%の塩分を添加すると，食肉の保水性と結着性が増して軟らかくなるが，それより高濃度になると脱水し硬くなってしまう.

マリネ

 トンポーロー
東坡肉（豚の角煮）

調理時間 120分	㋑ 427 kcal
	㋱ 15.1 g
	㋷ 35.4 g
	食塩相当量 1 g

東坡肉
に適した部位

豚
バラ肉

材料（4人分）

豚バラ肉（かたまり）・・・・・・・・・・・ 400 g
しょうが・・・・・・・・・・・・・・・・ 10 g
しょうゆ・・・・・・・・・・・・・・・・8 g
＊煮汁
　水 ・・・・・・・・・・・・・・・・ 300 ml
　紹興酒（または酒）・・・・・・・・・・ 50 ml
　しょうゆ・・・・・・・・・・・・・・ 16 g
　砂糖・・・・・・・・・・・・・・・・ 12 g
八角（あれば）・・・・・・・・・・・・・・・1個

［作り方］

1　しょうがは皮をむき，うす切りにする.

2　豚バラ肉はかたまりのまま鍋に入れ，かぶるくらいの水を入れて火にかける.

3　沸騰すれば火を弱め，約1時間半煮る.

4　肉を取り出し流水で洗い，4等分に切り，水気を取る.表面にしょうゆをかけてなじませる.

5　フライパンを温め，④の肉の表面を色よく焼く（油は不要）.

6　鍋に煮汁を合わせ，⑤の肉，①，八角を入れて肉が軟らかくなるまで煮る.

7　肉を取り出して切り，器に盛りつけ，八角を飾る.

＊東坡肉は杭州料理の一つで，宋の詩人で政治家の蘇東坡が豚肉と老酒で作った料理といわれている.日本では豚の角煮として親しまれている.

＊八角は，中国原産の「トウシキミ」という木の果実を乾燥させたもの.中国の混合調味料「五香粉」や豚肉の臭み消しに使われる.

調理の Science ポイント

・豚バラ肉は下ゆでし，余分な脂を抜くことで味が染み込みやすくなる.

・砂糖はたんぱく質の凝固を遅らせ，肉を軟らかくする.

・肉基質たんぱく質が多いバラ肉は，長時間加熱することで，コラーゲンがゼラチン化し軟らかくなる.

・脂肪が煮汁に溶け出し焦げやすい為，弱火で加熱する.焦がさないように，煮汁，肉をボウルに入れて蒸す方法もある.

・豚肉の脂質の融点は 33～46℃なので（p.7 参照），あまり冷たくならないようにする.

Recipe 豚肉のしょうが焼き

調理時間 20分

エ		260 kcal
た		14.5 g
脂		17.5 g
食塩相当量		0.9 g

豚肉の
しょうが焼き
に適した部位

豚
ロース

材料（1人分）

豚ロース（しょうが焼き用）・・・・・・・・・・70 g
サラダ油・・・・・・・・・・・・・・・・・4 g
＊つけ合わせ
　キャベツ ・・・・・・・・・・・20 g
　ミニトマト ・・・・・・・・・15 g（1個）
　パセリ ・・・・・・・・・・・適量
＊豚肉の下味
　しょうゆ ・・・・・・・・・・6 g
　みりん ・・・・・・・・・・・6 g
　酒・・・・・・・・・・・・・・6 g
　砂糖 ・・・・・・・・・・・・1 g
　しょうがの絞り汁 ・・・・・・1 g

［作り方］

1 肉は赤身と脂身との間に包丁を入れ，筋切りをする（p.20 参照）.

2 下味の調味料を合わせ，①を漬け込む.

3 キャベツはせん切りにする.

4 フライパンを熱し，サラダ油を入れ②を入れて焼く.

5 焼き色がつけば裏返し，両面色よく焼き，いったん取り出す.

6 フライパンの油を除き，漬け汁を入れ，軽く煮詰め，⑤を戻してからめる.

7 器に盛り，③，ミニトマト，パセリを添える.

調理の Science ポイント

・豚肉は筋切りしておく. 脂身と肉との間の筋が加熱により収縮し，肉がそり返ってしまう. 筋を切っておくと，縮みにくく肉がそらない（p.20 参照）.

・しょうが汁に浸しておくと，しょうがに含まれるたんぱく質分解酵素（プロテアーゼ）の作用で肉が軟らかくなる.

・酒，しょうゆなどの調味液に浸けると，保水性が向上し，肉が軟らかくなる.

・肉を焼いたあとは油を除くと，調味料がよく絡み，つやよく仕上がる.

ひび割れのないハンバーグを作る
6 { 肉の結着性を高める }

meat -

ひき肉は，塩を加えてよく練ると塩溶性の筋原線維たんぱく質のアクチン，ミオシンがアクトミオシンとなり、網目構造を作ります．粘りが出て生地がまとまりやすくなり，保水性が高まり，加熱による肉汁の流出を防ぐことができます．

ハンバーグは，ひき肉だけではたんぱく質が凝固して硬くなるので，副材料を加えます．

牛肉だけで作るハンバーグは，牛肉の脂質の融点が低いので冷めると硬くなってしまいます．牛肉だけを用いるより，豚肉を合わせることで時間が経っても軟らかくしっとり仕上げることができます．脂肪が多いと焼いたときに溶け出し，肉のまとまりが悪くなるので赤身を多めに入れるとよいでしょう．

次に，ひき肉の代表的なレシピ「肉団子の甘酢あん」を紹介します．

ハンバーグの副材料の役割

炒めたたまねぎ	甘味が出る．肉の臭み消し．肉のまとまりは悪い
牛乳	肉の臭み消し
パン粉	軟らかく仕上げる．熱伝導をよくする．肉汁を吸収する
卵	肉と他の材料をつなぐ．肉汁の流出を防ぐ

肉団子の甘酢あん

材料（1人分）

豚ひき肉・・・・・80 g
＊肉団子の下味
　塩　・・・・　0.2 g
　濃口しょうゆ　1.5 g
　酒　・・・・・　3 g
　しょうが（絞り汁）1 g
　卵　・・・・・　8 g
　かたくり粉　・・4 g
たまねぎ・・・・・25 g
ピーマン・・・・・10 g
パプリカ・・・・・10 g

＊合わせ調味料
　湯（スープ）・・45 g
　砂糖　・・・・・10 g
　酢（黒酢でも）・18 g
　濃口しょうゆ・・10 g
　かたくり粉・・・・1 g
　水　・・・・・・1 g
　サラダ油・・・・1 g
　揚げ油・・・・・適量

［作り方］

1 豚ひき肉をボウルに入れ，下味の調味料を入れよく練る．

2 ①を20等分して丸めておく．

3 たまねぎは一口大に切る．ピーマン，パプリカは種を取り一口大に切る．

4 合わせ調味料を合わせておく．

5 揚げ油を温め，②を揚げる．

6 フライパンにサラダ油を入れ，たまねぎを炒め，ピーマンとパプリカをさっと炒める．

7 ⑥に水溶きかたくり粉を入れ，とろみをつけ，揚がった団子を入れて絡める．

8 器に盛りつける．

ハンバーグステーキ

調理時間 30分	
㋲	425 kcal
た	18.7 g
脂	26.5 g
食塩相当量	1.9 g

ハンバーグ に適した部位

豚 バラ肉 / 牛 モモ・スネ ネック

［材料（1人分）］

牛ひき肉	60 g	水	35 ml
豚ひき肉	20 g	塩・こしょう	少々
たまねぎ	40 g	砂糖	1 g
（肉の重量の50%）		バター	2 g
卵	10 g	*即席ブラウンソース	
牛乳	10 g	しめじ	10 g
パン粉	5 g	トマトケチャップ	10 g
塩	0.8 g	ウスターソース	3 g
こしょう・ナツメグ	少々	ブイヨン	12.5 ml
パセリ	少々	バター	1 g
サラダ油	4 g	こしょう	少々
*にんじんのグラッセ		*マッシュポテト	
にんじん	30 g	p.54 参照	

［作り方］

1 たまねぎはみじん切りにし，フライパンにサラダ油 2 g を入れて，弱火で甘味が出るまで炒めて冷ます．

2 ボウルに牛乳とパン粉を合わせておく．

3 別のボウルにひき肉を入れ塩，こしょうをし，粘り が出るまでよく混ぜよくこね，①，②，卵，ナツメ グを入れ混ぜる．

4 ③を右手と左手の間で軽くたたきつけるように往復 させ，空気を抜き，だ円形に成形し中央を少しくぼ ませる．

5 フライパンに残りのサラダ油を入れ，盛りつけて上に なる方から中火で焼き，焼き色がつけば裏返し，蓋 をして弱火で蒸し焼きにして，中心部まで火を通す．

6 竹串を刺し，透き通った肉汁が出れば焼き上がり．

［即席ブラウンソース］

① しめじは石づきを取り，1 cm 長さに切る．

② 小鍋にバターを入れ①を炒め，ブイヨン，トマトケチャップ， ウスターソース，こしょうを入れ，さっと温め，塩，こしょう で味をつける．

［にんじんのグラッセ］

① にんじんは皮をむき，7 mm 厚さの輪切り（または半月切り）にし て，鍋に水，砂糖，バターを入れて煮る．

② にんじんが軟らかくなれば，塩，こしょうで味つけする．

○仕上げ

器にハンバーグを盛りつけてソースをかけ，にんじん のグラッセ，マッシュポテト，パセリを添える．

調理の Science ポイント

・ハンバーグ生地は練ったあと，手で打ちつけ，中の 空気を抜くと焼いたときに割れにくい．

・成形するときは手を水でぬらすか，サラダ油を塗る と成形しやすい．

・中心にまで火が通りにくく，周囲から焼け縮み，中 央が膨れた状態になるので，中心をくぼませて焼く．

・蒸し焼きにすることで肉汁が流れ出るのを防ぎ， ジューシーに仕上がる．

【ハンバーグの応用レシピ】

ハンバーグの生地ににんじんやマッシュルーム，チーズ やゆで卵を入れて，ローフ型や筒型にまとめて焼いたも のがミートローフになる．

7 {アミノカルボニル反応とは？}

meat -

肉は加熱すると色，香り，味が変化しうま味が増します．これは，加熱により肉の保水性が低下し，水分とともにうま味成分が溶け出るためです．

肉を加熱すると，肉から溶け出した脂肪やたんぱく質の分解によるアミノ化合物（遊離アミノ酸，ペプチド，たんぱく質，アミン類，アンモニアなど）とカルボニル化合物（還元糖，アルデヒド，ケトンなど）が反応し，アミノカルボニル反応（メイラード反応）が起こり，褐色色素メラノイジンを生成し，特有の香ばしい香りが出ます．

メラノイジンには抗酸化作用があり，みそやしょうゆの色，パンやケーキなどの焼き色はこの反応によるものです（p.85 も参照）．

アミノカルボニル反応とは

上記のように，アミノカルボニル反応は食品を加熱する，あるいは貯蔵している過程で起こる褐変反応です．酵素が関与しないので非酵素的褐変ともいわれています．加熱調理以外では，みそやしょうゆのように長期間の熟成によっても起こります．

アミノカルボニル反応のおもな例
○ホットケーキ，クレープ，カステラの茶色い部分，焼き肉，焼き魚

牛乳中に含まれる乳糖とたんぱく質が加熱により反応し，ほどよい焦げ色がつきます．
○みそ・しょうゆ

発酵の過程でアミノ酸や糖が生成され，熟成され独特の色がつきます．白みそは大豆の量を少なくし，発酵期間が約 1 か月と短く，アミノカルボニル反応を起こすアミノ酸などの量が少ないため白くなります．
○米飯の黄ばみ

米飯を炊飯器で長時間保温すると，アミノカルボニル反応により黄ばみ，劣化の原因となります．

反応に影響がある要素
○ pH：酸性下（pH 5 以下）では反応が遅く，中性，アルカリ性では反応は速くなります．
○温度：低温条件下では抑制され，温度が高いほど反応は進みます．
○湿度：水分活性 0.65 ～ 0.85 の中間水分食品で褐変が起こりやすくなります．

褐変

食品の色が褐色に変化することで，褐変には酵素が関わる褐変（酵素的褐変）と前述の酵素が関わらない（非酵素的褐変，アミノカルボニル反応），また糖質が加熱で褐変するカラメル化，脂質の酸化などがあります．

砂糖のカラメル化の褐変はアミノカルボニル反応と同じと思われやすいですが，糖質単独での反応で，アミノカルボニル反応ではありません．カラメル化とアミノカルボニル反応は同時に起こることが多く，どちらの反応かなかなか区別できません．

Recipe

ビーフシチュー

調理時間 120分

エ	534 kcal	
た	18.2 g	
脂	32.8 g	
食塩相当量	2.4 g	

（肉 80g で計算）

ビーフシチュー
に適した部位

牛
バラ肉

［材料（1人分）］

牛バラ肉・・80〜100 g
（かたまり）
たまねぎ・・・・ 50 g
にんじん・・・・ 25 g
じゃがいも・・・ 60 g
マッシュルーム・・・ 2 個
ブロッコリー・・・12.5 g
ローリエ・・・・・ 1 枚
香味野菜・・・・・少々
＊肉の下味
　塩・・・・・ 0.8 g
　（肉の重量の0.8%）

こしょう ・・・少々
小麦粉 ・・・・ 3 g
＊調味料
赤ワイン・・・ 50 ml
ブイヨン・・ 200 ml
トマトペースト・・ 4 g
ウスターソース・ 4.5 g
塩・こしょう・・少々
＊ブラウンルウ
バター・・・・ 7.5 g
小麦粉・・・・ 9 g

［作り方］

1. たまねぎはくし形切り，にんじん，じゃがいもは乱切りにする．じゃがいもは水にさらす．マッシュルームは石づきを取る．

2. ブロッコリーは小房に分け，熱湯に塩少々（分量外）を入れてゆでておく．

3. 牛バラ肉は一口大（3 cm 角くらい）に切り，塩，こしょうし，小麦粉をまぶす．

4. フライパンを熱しサラダ油をしき，③の肉の表面を焼く．

5. 焼き色がつけば赤ワインを入れて沸かし，アルコールを飛ばす．

6. 鍋に⑤，ブイヨン，ローリエ，香味野菜を入れる．

7. 火にかけ沸騰すればあくを取り，火を弱めて約1時間半〜2時間煮て香味野菜を取り出す．

8. ⑦の鍋にたまねぎ，にんじん，じゃがいもを入れて軟らかくなるまで煮て，マッシュルームを加える．

9. ブラウンルウを作る．フライパンにバターを溶かし，小麦粉を入れて弱火でゆっくりチョコレート色になるまで炒める（p.110，111 参照）．

10. ⑨に⑧の煮汁を少しずつ入れてのばす．

11. ⑩を鍋に入れトマトペースト，ウスターソース，塩，こしょうで味を整える．

12. 仕上げに②を入れて温め，器に盛りつける．

調理の Science ポイント

- 肉基質たんぱく質の多いバラ肉は2時間ほど煮込むことで，コラーゲンがゼラチン化して軟らかくなる．

- 塩の量は肉の重量の0.8〜1%．

- 肉の表面を強火で焼き，きれいな焼き色をつける．表面のたんぱく質を凝固させておくと，煮込んでいる間にうま味が流出しにくくなる．

- ブラウンルウはバターで小麦粉を弱火でゆっくりと炒め，焦がすのではなく，色づけるように炒める．

- 長時間加熱する料理には圧力鍋を使用すると，加熱時間を短縮することができる．

8 { 最大氷結晶生成帯を素早く通過 }

meat -

食 肉を鮮度や品質を保ったまま保存する方法として，冷凍があげられ，冷凍肉を解凍する際には，ドリップ（p.4 参照）をできるだけ少なくすることが必要です．ドリップを出さないようにするためには，最大氷結晶生成帯（図．−5〜−1℃）を素早く通過させて凍結させるようにします．最大氷結晶生成帯を緩慢に通過させると食品内の氷結晶が大きくなり，細胞が破壊され，解凍時にドリップの量が多くなり品質が低下してしまいます．この温度帯を急速に通過させると氷結晶が小さくなり，解凍したときのドリップの量が少なくなり，品質の変化も少なくなります．

　冷凍による細胞の破壊を防ぐには，最大氷結晶生成帯をできるだけ速く通過させる急速冷凍が有効です．

冷凍と解凍の一工夫

　たとえば，肉を冷凍するときは少量ずつ，厚みをうすく均等にしてラップフィルムで包んで冷凍します．うすくすると凍るまでの時間を短縮することができ，細胞の破壊が少なくなり解凍したときのドリップの量も少なくなります．

　パックのまま冷凍すると食品と食品の間に隙間ができ，酸化しやすくなるので，ラップフィルムで包みなおして冷凍します．

　冷凍した肉や魚を解凍するときは，完全に解凍してしまうと肉汁とうま味が流れ出てしまうので，半分くらい解凍した状態で調理します．

　「青椒牛肉絲」を作る場合は，牛肉をうすく少量ずつ広げてラップフィルムに包み，冷凍しておく．半分くらい解凍した状態でせん切りにして調理するとよい．

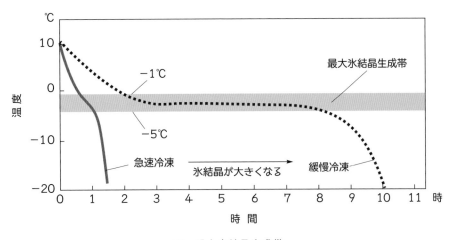

図　最大氷結晶生成帯

Recipe

チンジャオロース
青椒牛肉絲

調理時間 20分

㊙		147 kcal
た		11.2 g
脂		7.5 g
食塩相当量		0.9 g

青椒牛肉絲
に適した部位

牛モモ　牛ロース

材料（1人分）

牛肉・・・・・	50 g	しょうゆ・・・	1 g
（うす切り）		かたくり粉・・	1 g
しょうが・・・	1.5 g	サラダ油・・・	1 g
ピーマン・・・	37.5 g	＊合わせ調味料	
パプリカ（赤・黄）・・	各10 g	オイスターソース	0.5 g
たまねぎ・・・	12.5 g	しょうゆ・・	4.5 g
水溶きかたくり粉・適量		湯・・・・・	7.5 ml
サラダ油・・・・	2 g	砂糖・・・・	0.8 g
ごま油・・・・	1 g	こしょう・・・	少々
＊牛肉の下味			
酒・・・・・	1.5 g		

〔作り方〕

1 牛肉は，繊維にそって4 cm長さのせん切りにし，酒，しょうゆを入れ，よく混ぜ，かたくり粉をまぶしサラダ油を混ぜ合わせる．

2 しょうがはせん切りにする．

3 ピーマン，パプリカは縦半分に切り，種を取り，せん切りにする．たまねぎはうす切りにする．

4 合わせ調味料を合わせる．

5 中華鍋にサラダ油（半量）を入れて，①を炒め，7～8割ほど火が通れば取り出す．肉に火が通りすぎて硬くなってしまうのを防ぐためである．

6 残りのサラダ油を入れて，②を弱火で炒め，香りが出れば，たまねぎ，ピーマン，パプリカを炒める．

7 ⑥に⑤を戻し，合わせ調味料を入れてからめ，水溶きかたくり粉でとろみをつける．

8 火を止めてごま油をからめ，器に盛りつける．

＊絲（スウ）はせん切りという意味．

調理の Science ポイント

・肉基質たんぱく質の少ないモモ肉やロース肉は脂肪が少ないので，加熱しすぎないように調理する．

・肉は繊維にそって繊維と平行に切る．繊維を断ち切ると肉がちぎれやすくなる．

・肉の表面にかたくり粉をまぶしておくと，炒めたときに肉の表面に膜ができ，うま味や肉汁が流出しない．

・肉に油を絡ませておくと，炒めたときに肉がほぐれやすい．

9 { 揚げ物の衣の違い }

meat –

揚げ物の調理では，揚げ油の中で油の対流熱により食品が加熱されます．揚げ油の温度は 140 ～ 180℃くらいで，食品により揚げ油の温度を調節します（表 1）．食品中の水分が蒸発し代わりに油を吸収し，水と油が入れ替わり比重は軽くなり浮き上がります．高温で短時間に加熱するので栄養価の損失も少なく，うま味と風味が増します．

表1　揚げ物の食品の種類と適した温度

食　品	揚げ物の温度
肉，魚など（たんぱく質）	170 ～ 180℃
野菜	160 ～ 170℃
じゃがいも，さつまいも（でんぷん）火の通りにくいもの	140 ～ 150℃

いも類などのてんぷんは糊化させるのに時間がかかるため，低温で長時間加熱する．たんぱく質を多く含む肉や魚は高温で低時間で加熱する．

揚げ油の温度は，衣を入れたときの状態で見分けます（図）．また，衣がない場合は菜箸の先を水でぬらし，水気をふき取り，油の中に入れます．箸先から細かい泡が出ると 150℃以下です．箸先から細かい泡が勢いよく出ると 170 ～ 180℃です．

揚げ物の種類には素揚げ，から揚げ，天ぷら，フライなどがあり，調理法により吸油率が異なります（表 2）．

油は比熱が小さいので（熱しやすく冷めやすい），温度が一定になるように調整しながら揚げます．

水と油を同じ条件で加熱すると，油の温度上昇速度は水の約 2 倍で，材料を入れたときの温度の低下は速く，温度が変化しやすいので揚げ油の温度管理が重要です．

揚げ鍋には厚手の鍋を選び，多めの油（鍋の深さの 6 分目くらい）で揚げます．

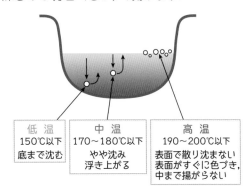

低　温	中　温	高　温
150℃以下 底まで沈む	170～180℃以下 やや沈み 浮き上がる	190～200℃以下 表面で散り沈まない 表面がすぐに色づき，中まで揚がらない

図　衣による油の温度の見分け方

表2　衣の違いによる吸油率

揚げ物の種類	調理法	吸油率（％）
素揚げ	何もつけずに揚げる	2 ～ 15
から揚げ	材料にかたくり粉や小麦粉をつけて揚げる	6 ～ 13
天ぷら	冷水と卵を合わせ，薄力粉を加えさっと混ぜた衣を材料につけて揚げる	12 ～ 25
フライ	材料に薄力粉，溶き卵，パン粉をつけて揚げる	6 ～ 20

出典：『七訂食品成分表 2020』，女子栄養大学出版部（2020）.

Recipe ポークカットレット

調理時間 20分	工	584 kcal
	た	20.7 g
	脂	47.4 g
	食塩相当量	1.6 g

とんかつ に適した部位

豚ヒレ　豚ロース

材料（1人分）

豚ロース・・・・・80 g
（とんかつ用）
サラダ油・・・・・12 g
＊肉の下味
塩・・・・・0.6 g
（肉の重量の0.8%）
こしょう・・・少々
＊衣
小麦粉・・・・・4 g
（肉の重量の5%）
卵・・・・・10 g
（肉の重量の12%）
パン粉・・・・10 g
（肉の重量の12%）

＊つけ合わせ
レタス・・・・20 g
ミニトマト・・1個
レモン輪切り・・1枚
パセリ・・・少々
＊レモンバターソース
バター・・・・6 g
レモン汁・・・6 g
塩・・・・0.5 g
こしょう・・少々

［作り方］

1 豚肉は筋切りをし，肉たたきでたたいてのばし，下味をつける.

2 ①に衣を，小麦粉，溶き卵，パン粉の順につける.

3 フライパンにサラダ油を入れて温め，①を盛りつけたときに表になる方から中火で揚げ焼きにする. 焼き色がつけば裏返し，火を弱め，内部まで火を通す.

4 小鍋にバターを溶かし，うすく色がつけばレモン汁，塩，こしょうを入れる.

5 器に③を盛りつけ，④をかけ，ちぎったレタス，ミニトマト，レモン，パセリを添える.

🧪 調理の Science ポイント

・豚肉は筋切りしておく. 脂身と肉との間の筋が加熱により収縮し，肉がそり返ってしまう. 筋を切っておくと縮みにくく肉がそらない.

・材料から出るうま味，水分の流出を防ぐため衣をつける.

・薄力粉は均等にまぶし，余分な粉ははたき落とす. 粉が多いと卵がうまくつかず，油はねや衣がはがれる原因になる.

・油の量は肉の厚さの半分くらいにする.

・豚肉を生で食べると食中毒が発生する危険があるため，内部まで十分に火を通す.

・ポークカットレットには，肉の厚さ1〜1.2 cmくらいのもを使用する.

筋切り

Recipe

✦ から揚げ ✦

調理時間 30分	ⓔ	331 kcal
	ⓣ	17.1 g
	ⓟ	24.2 g
	食塩相当量	0.8 g

から揚げ
に適した部位

鶏 モモ	鶏 ムネ

材料（1人分）

鶏モモ肉・・・・・・・・・・・・・	100 g
かたくり粉・・・・・・・・・・・・	7.5 g
揚げ油・・・・・・・・・・・・・	適量
＊鶏肉の調味料	
しょうゆ・・・・・・・・・・・	4 g
酒・・・・・・・・・・・・・・	3 g
しょうが（すりおろし）・・・・・	1 g
にんにく（すりおろし）・・・・・	1 g
＊つけ合わせ	
レタス・・・・・・・・・・・・	15 g
レモン（くし形切り）・・・・・・	1 切
パセリ・・・・・・・・・・・・	少々

〔作り方〕

1 鶏肉は一口大に切る.

2 ボウルに①，調味料を入れよく混ぜて味をつける.
約20分おく.

3 水気を切り，かたくり粉をまぶし，160℃に熱した
揚げ油で揚げる（温度ははじめ160℃→揚げ終わり
180℃くらいに調整する）.

4 きつね色になれば引き上げ，油を切る.

5 器に盛りつけ，ちぎったレタス，くし形切りのレ
モン，パセリを添える.

調理の **Science** ポイント

・肉にしょうが汁を合わせておくと，しょうがに含ま
れるたんぱく質分解酵素（プロテアーゼ）の作用で軟
らかくなる（p.9，12 参照）.

・肉にかたくり粉をまぶすと，揚げたとき肉汁が流れ
出にくくなる.

・大きめの鶏肉を揚げる場合は火が通りにくいの
で，二度揚げするとよい．一度目は低温（150～
160℃）でゆっくりと時間をかけ内部まで火を通
し，いったん引き上げる．二度目は高温（180～
190℃）にして短時間で揚げる．どちらも引き上げ
る前に高温にすることにより，油切れがよくなり，
揚げ色もよくなる.

第 2 章
魚料理の
サイエンス

fish

魚介類の種類

1 { 旬を知っておこう }

fish –

魚 介類の味は，季節，漁場，水温，大きさ，部位，天然か養殖の違い，飼料などに大きく影響されます．１年で最もおいしい，脂ののった時期を「旬」といいます．

　また，魚に含まれる脂質は季節，種類，魚の部位，天然か養殖かにより大きく異なります．

　たとえば，かつおの旬は年２回で春と秋です．初がつおは，春に黒潮にのってエサを求めて，太平洋岸を北上します．戻りがつおは，秋の水温の低下に伴い南下しはじめます．

　魚肉は血合肉と普通肉に分けられ，青背の魚は血合肉を多く含んでいます．血合肉は鉄，ビタミンB群を豊富に含みます．

ぶり（血合肉）

表　魚介類の旬

季　節	魚介類
春	さわら，まだい，めばちまぐろ，いかなご，初がつお，あさり，しじみ
夏	あゆ，まあじ，かつお，すずき，はも，うなぎ
秋	まいわし，さんま，まさば，戻りがつお，たちうお
冬	さけ，ぶり，ふぐ，たら，ひらめ，かき，わかさぎ，たこ

表　脂質含量の違い

養　殖	＞	天然
赤身魚	＞	白身魚
血合い肉	＞	普通肉

＊まさば，ごまさば：まさばは，本さばともよばれる．金華さば，関さばなどブランド化されているものもある．ごまさばの旬は秋だが，まさばと比べると脂ののりは少々落ちる．

魚の加熱調理：直火焼きと間接焼き

　魚の調理では生食調理（刺身，あらい，塩じめ，酢じめなど）と加熱調理（煮魚，焼き魚，ムニエルなど）があります．焼き魚の場合の直火焼きと間接焼きについて説明します．焼く場合，魚に串を打ちます．平串，つま折り串，ぬい串，おどり串（うねり串）などがありますが，あゆ（p.25 参照）や小鯛などを焼くときに使ううねり串について示します．

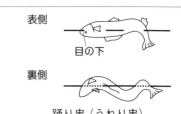

表側

目の下

裏側

踊り串（うねり串）

魚の目の下に串を打ち，盛りつけたとき表になる方に串が出ないように中骨を縫うようにすくい取り，再度同じようにして串を表の方に出す．

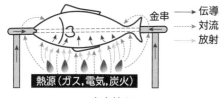

→	伝導
- - ▶	対流
⇒	放射

金串

熱源（ガス，電気，炭火）

直火焼き

ガス，電気，炭火などの熱源から食品を直接加熱する．伝導熱だけでは中まで火が通らないので放射熱，対流熱があたるよう強火の遠火にする．熱効率が悪い．

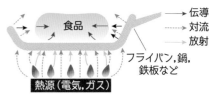

食品

→	伝導
- - ▶	対流
⇒	放射

フライパン，鍋，鉄板など

熱源（電気，ガス）

間接焼き

フライパンや鍋，鉄板などを用い食品を間接的に加熱する．伝導熱，放射熱，対流熱を利用し食品全体を同時に平均して加熱できる．熱効率がよい．

あゆの塩焼き

調理時間 40分	ⓔ	84 kcal
	ⓣ	9.2 g
	ⓕ	4 g
	食塩相当量	1.2 g
	※1尾分	

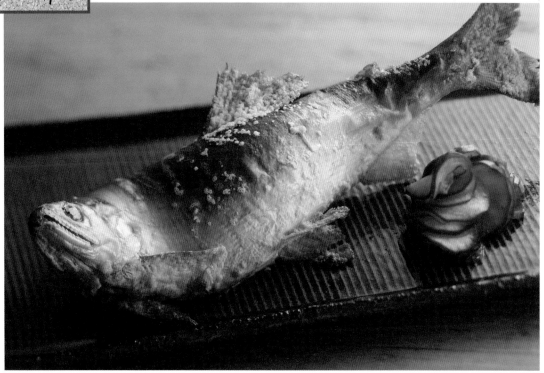

材料（1人分）

あゆ・・・・・・・・・・・・・・・・・・・	1尾
化粧塩・・・・・・・・・・・・・・・・・・	少々

＊あゆの下味
:塩 ・・・・・・・・・・ あじの重量の1.5%

＊つけ合わせ
:きゅうり ・・・・・・・・・・・ 25 g
:塩（きゅうりの1%） ・・・・・・・ 0.25 g

＊合わせ酢
:酢 ・・・・・・・・・・・・・・・ 2.5 g
:砂糖 ・・・・・・・・・・・・・・・ 1 g
:食塩 ・・・・・・・・・・・・・・・ 0.2 g

［作り方］

1 あゆはぬめりを取り水洗いし，水気を切って塩を振り，20〜30分おく．

2 表面の水気をふき取り，うねり串を打ち，ひれと尾に化粧塩を振る．

3 盛りつけて表になる方から，強火の遠火で焼き，焼き色がつけば裏返し内部まで火が通るまで焼く．

4 熱いうちに串を回しておくと抜けやすくなる．器に盛りつける（頭が左，腹が手前）．

5 きゅうりはうす切りにし，塩を振る．しばらくおき水気を絞る．

6 合わせ酢を合わせ，食べる直前に⑤と和える．

7 器に④を盛りつけ，⑥を添える．

調理の Science ポイント

・あゆの内臓には香気があるので取り除かない．一般に魚の内臓は酵素を多く含むため，腐敗が進みやすい．購入後は，速やかに内臓やえらを除去し水洗いする．

・魚に塩を振り，出てくる水分には魚臭が含まれるため除く．塩を振ると，身が引き締まり，焼くと表面が早く凝固し，型崩れしにくくなる．

・串を打たず焼く場合，身が縮み，皮が裂けるのを防ぐため，魚の皮に切り目を入れておくとよい．

・魚を1尾丸ごと焼く場合は，切り身より焼き時間がかかる．ひれや尾が焦げてしまうため，塩をたっぷりつける「化粧塩」をしておくと，焦げにくく，全体にきれいな焼き色に仕上げることができる．粗塩を用いて魚の表面の水分をふき取ってから振る．

・網で焼くときは，焼き網を十分に熱しておく，また網に油を塗っておくと魚がつきにくい．

筋肉の色は成分により違う

2 { 赤身，白身，青背の違い }

fish –

魚 は筋肉の色により赤身魚と白身魚に分類されます

赤身魚の特徴と成分

　まぐろ，かつおなどの赤身魚は味が濃厚で血合い肉が多く，筋肉色素ミオグロビンを多く含みます．さば，あじ，さんま，いわしなど青背の魚も赤身魚に分類されます．青背の魚には EPA（イコサペンタエン酸）や DHA（ドコサヘキサエン酸）など不飽和脂肪酸が豊富に含まれ，これらは必須脂肪酸の一種です．血液を固まりにくくする効果や認知症の予防など，生活習慣病予防との関連が注目されている成分です．

　赤身魚は筋形質たんぱく質の割合が多く肉質が軟らかいので，刺身の場合は角つくりや厚めの引きつくりにします．

　いわしにはカルシウムが 100 g あたり 70 mg 含まれます．腸管でのカルシウムの吸収を促進し，骨の形成を助けるビタミン D も多く含むた

め，効率よくカルシウムが補給できます．EPA や，DHA などの不飽和脂肪酸は酸化されやすいので新鮮なうちに調理します．また抗酸化作用のある β-カロテン，ビタミン C，E を含む野菜と組み合わせるとよいでしょう．

白身魚の特徴と成分

　たい，ひらめ，たら，かれいなどの白身魚は，味が淡白で，血合い肉や筋肉色素ミオグロビンが赤身魚よりも少なく，肉基質たんぱく質（コラーゲン）の割合が多く，肉質が硬いので刺身にするときはうすいそぎつくりや糸つくりにします．加熱するとコラーゲンが溶け出すため，身が崩れやすくなります．筋原線維たんぱく質の多い白身魚は加熱すると身がもろく，繊維状に身がほぐれるため「そぼろ（でんぶ）」に適しています．

　また魚肉に 1〜2% の塩を入れてすりつぶすとたんぱく質のアクチン，ミオシンが結合し，アクトミオシンとなり網目構造を形成し，弾力のあるゲルができます（p.30 も参照）．

　さけは白身魚に分類されます．さけの紅色はミオグロビンではなく，アスタキサンチンによるものです．

　生のかにやえびの甲殻の色は，アスタキサンチンとたんぱく質が結合して青色をしていますが，加熱するとたんぱく質が分離してアスタキサンチン本来の赤色になります．

刺身（角つくり，そぎつくり）

表　赤身魚と白身魚の違い

	赤身魚	白身魚
筋肉色素ミオグロビン	多い	少ない
血合肉	多い	少ない
脂質	多い	少ない
肉基質たんぱく質	少ない	多い
肉質	軟らかい	硬い
適した刺身	角つくり，厚めの引きつくりなど	そぎつくり，細つくり，糸つくりなど

結合している　　離れている

アスタキサンチンとたんぱく質

♦さけのムニエル♦

調理時間 25分

㋙	223 kcal
㋕	19.3 g
醋	9.3 g
食塩相当量	1.2 g

材料（1人分）

さけ(生)・・・・・・・・・・・・・・	80 ～ 100 g
薄力粉(さけの重量の約5%)・・・・・	4 ～ 5 g
サラダ油・・・・・・・・・・・・・	4 ～ 5 g
(バターと合わせてさけの重量の8%)	
バター・・・・・・・・・・・・・・	2 ～ 3 g
レモン(輪切り)・・・・・・・・・・	1 枚
パセリ・・・・・・・・・・・・・・	少々
＊さけの下味	
┊ 塩(さけの重量の1%)・・・・・	0.8 ～ 1 g
┊ こしょう・・・・・・・・・・	少々
＊こふきいも	
┊ じゃがいも・・・・・・・・・	60 g
┊ 塩(じゃがいもの重量の0.5%)・・	0.3 g
┊ こしょう・・・・・・・・・・	少々

〔作り方〕

1 さけは水気を取り，小骨を抜き，塩，こしょうで下味をつける．

2 焼く直前に薄力粉をまぶし，余分な粉ははたき落す．

3 フライパンに油，バターを入れて②を中火で焼く(盛りつけて上になる方から焼く)．

4 焼き色がつけば裏返し，火を弱めて内部まで火を通す．

5 じゃがいもは皮をむき，一口大に切り，水にさらす．

6 鍋に⑤，かぶるくらいの水を入れてゆでる．

7 火が通ればざるに上げ水気を切り，鍋に戻し，弱火で表面の水気を蒸発させる．

8 火を止め熱いうちに塩，こしょうをする．

9 器に④を盛りつけ，⑧，輪切りレモン，パセリを添える．

＊ムニエルとはフランス語で粉屋という意味．魚に小麦粉をまぶし，バターで焼いた料理のことである．

🧪 調理の **Science** ポイント

・魚の表面に薄力粉をまぶして焼くと表面に膜ができ，魚のうま味成分や水分の流出を防ぎ，表面はカリッと中は軟らかく焼き上げることができる．

・薄力粉が多い部分があると，加熱むらができるので薄くつける．

・薄力粉をまぶしてから時間が経つと，表面が粘り，焼くと硬くなってしまうので，薄力粉をつけたら直ちに焼く．

・盛りつけたときに上面になる方から焼き，きれいな焼色がついたら裏返し中までゆっくり焼く．身が崩れやすいので，調理中は何度も返さず，一度だけ裏返す(表四分，裏六分)．

・バターだけで焼くと風味はよいが，焦げやすいので，サラダ油と合わせ(バター1：サラダ油2)焼くとよい．

【さけのムニエルの応用レシピ】

あじ，かれい，にじますなど魚の種類を変えてもよい．

魚臭を除き，魚のうま味を味わう

3 { グルタミン酸とイノシン酸 }

fish -

魚介類の成分は季節により変動します．産卵前は遊離アミノ酸や脂質，グリコーゲンが増えます．

魚のうま味成分はグルタミン酸，イノシン酸の相乗効果によるものが大きいといわれています．そのほかにアラニン，グリシン，リシン，タウリンなどを含みます．

新鮮な魚，白身の魚では，調味料を控え味はうす味に，短時間の加熱にします．鮮度の落ちた魚，赤身の魚では調味料を多めに，味つけは濃いめにし，十分に加熱します．

赤身の魚にはヒスチジンが含まれており，常温ではヒスタミンになり，アレルギーを引き起こすことがあります．赤身の魚の温度管理には注意し，また冷蔵してもできるだけ早く調理するようにします．

熟成と腐敗とは：魚臭成分の変化

魚介類も肉類と同様に死後硬直が起こります．魚の死後硬直は畜肉に比べて早く，死後直後から数時間以内ではじまります．鮮度がよいとされるのは漁獲直後から死後硬直中のもので，身がしまり刺身に適しています．その後，イノシン酸などうま味成分が増加します（熟成）．硬直が解け（解硬），細菌や酵素により分解が進みます（腐敗）．

鮮度の測定法

○トリメチルアミン量

海水魚の鮮度が低下すると，うま味成分のトリメチルアミンオキシドがトリメチルアミンになり，生臭みを生じます．この量の測定に

よって海水魚の腐敗を判定することができます．

○ K 値

生きている魚の筋肉中の ATP（アデノシン三リン酸）が，死後の時間経過に従い，急速に減少し，分解されます．ATP の分解物により鮮度の劣化を判定することができます．たとえば，活じめ 1 ～ 5 %，生食用 20 %前後，加熱用 40 %前後，初期腐敗 60 %以上．

○揮発性塩基窒素

魚介類，肉類などたんぱく質の分解が進むと，アンモニアなど揮発性塩基窒素が生成します．この量を測定し腐敗を判定します．

魚臭を除去するには

❶ 水で洗う．

❷ 塩で脱水する．トリメチルアミンは水溶性なので，塩を振って脱水し，生臭みを除く．

❸ 調味料で魚臭を取る．酒やみりんのアルコール成分や酢，しょうゆなどで魚臭をマスキング（覆い隠す効果）する．

❹ みそ，牛乳などに含まれるコロイドにより魚臭を吸着させる．

❺ 香味野菜（しょうが，にんにく，ねぎなど）により魚臭をマスキングする．

Recipe

 あじの南蛮漬け

調理時間20分	ｴ	182 kcal
	た	12.7 g
	脂	8.8 g
	食塩相当量	1 g

材料（1人分）

あじ（上身）・・・・・・・・・・・・・・・・・・・	60 g
たまねぎ・・・・・・・・・・・・・・・・・・・	12 g
にんじん・・・・・・・・・・・・・・・・・・・	4 g
ピーマン・・・・・・・・・・・・・・・・・・・	5 g
パプリカ（赤）・・・・・・・・・・・・・・・・・	5 g
薄力粉・・・・・・・・・・・・・・・・・・・・	4 g
揚げ油・・・・・・・・・・・・・・・・・・・・	適量
＊南蛮酢	
┊酢・・・・・・・・・・・・・・・・・・・・	10 ml
┊酒または水・・・・・・・・・・・・・・・・	10 ml
┊砂糖・・・・・・・・・・・・・・・・・・・	3 g
┊淡口しょうゆ・・・・・・・・・・・・・・・	5 g
┊唐辛子（輪切り）・・・・・・・・・・・・・・	少々

［作り方］

1　あじは一口大に切る．

2　たまねぎは薄切りに，にんじんは4 cm長さ，5 mm幅の短冊切りにする．

3　ピーマン，パプリカは縦半分に切り，種を取りせん切りにする．

4　南蛮酢の酒（水）は一度沸騰させて冷まし，南蛮酢の調味料と合わせる．

5　①に薄力粉をまぶし，180℃に熱した揚げ油で揚げ，熱いうちに④に漬ける．

6　フライパンに②，③を入れてから炒りし，⑤に漬ける．

7　味がなじめば器に盛りつける．

＊「南蛮漬け」は，魚を油で揚げ，ねぎや唐辛子とともに甘酢に漬けた料理のこと．

調理のScienceポイント

・酢には，魚の骨を軟らかくする作用がある．小あじなどは丸ごと油で揚げて漬け込むと，骨ごと食べることができる．カルシウム補給に適している．

・酢は魚の生臭み，トリメチルアミンを酢酸化合物にするため，生臭みが取れる．

・油で揚げ水分を蒸発させ，酢を吸収させるため，pHが下がり，微生物の繁殖が抑制され保存性が高まる．

・油で揚げて熱いうちに酢に漬けると，味がよくなじむ．

・魚は小あじ，わかさぎ，さけなどを用いてもよい．

・小あじを使用するときは，頭つきのまま使用する．ぜいご，えら，内臓を取り水洗いし，水気をふき取り，低め（160℃くらい）の油で揚げる．

＊ぜいご（ぜんごともいう）とは尾の近くのとげ状のうろこのことで，硬く口あたりが悪い．尾のつけ根からそぎ取る．

アクトミオシンの形成がポイント

4 {魚をおいしく調理する}

fish --

魚をおいしく料理するには，新鮮な魚を見分けることが必要です．ここではその見分け方と，下処理のポイントを説明します．

新鮮な魚の見分け方

○ 鮮魚では
・目が澄んで濁っていない．
・えらが鮮紅色で，全体に光沢がある．
・うろこがしっかりついている．
・身に弾力があり腹部がしまっている．
・生臭みがない．

○ 切り身では
・身や皮につやがある．
・血合いの色が鮮やか．
・包装容器の底に水や血液がたまっていない．

下処理のポイント
・魚の表面に細菌類が付着しているため，内臓を取り，丸のまま流水で洗う．
・身崩れする原因になるため，軟らかい切り身は基本的に洗わない．
・貝類のぬめりは食塩を使って取り除く．

2枚おろし

3枚おろし

ひとくちメモ：魚に特有の調理方法

【塩じめ】塩により脱水し，たんぱく質が変性し，アクトミオシンが形成され身をしめ，魚臭成分を溶出させる効果がある．アクトミオシンができると，粘度が高くなり，加熱するとゲル化して弾力性をもつ．かまぼこやちくわなどの練り製品の製造は，この原理を応用したものである．

【振り塩】魚の表面に 2 〜 3％の塩を直接振る．手軽な方法だが，塩味がムラになりやすい．

【立て塩】魚を 3 〜 15％の食塩水に浸す．塩味を均一に染み込ませることができる．干物などの製造に用いられる．

【べた塩】魚の表面に直接 10 〜 15％の塩を振る．魚肉は脱水により身がしまり，魚臭成分も取り除くことができる．たとえば，しめさば（p.32 参照）．

霜降り

【あらい】活け魚をしめて，薄切りにし氷水で洗う．筋原線維たんぱく質のアクチン，ミオシンが結合して硬くなり，筋肉を収縮させて死後硬直と同じ現象が起き，歯ごたえのよい刺身ができ上がる．たとえばすずき，たい，かれいなど．

煮こごり

【霜降り】熱湯にさっと通し表面だけを加熱し，冷水にとる．生臭みが取れ，身を引きしめることができる．

【煮こごり】魚を加熱するとコラーゲンが煮汁に溶け出し，冷めるときに煮汁が凝固し，ゼリー状に固まったもの．

さばのみそ煮

調理時間 20分

⊕	238 kcal
た	17.6 g
脂	13.9 g
食塩相当量	1.5 g

材料（1人分）

さば（上身）・・・・・・・・・・・・・・・ 80 g
しょうが・・・・・・・・・・・・・・・・・・ 4 g

＊調味料
水 ・・・・・・・・・・・・・・ 60 ml
酒（魚の重量の5％）・・・・・・・・・・ 4 g
砂糖・・・・・・・・・・・・・・・・・ 5 g
（みそにより異なるので調整 魚の重量の6％）
しょうゆ・・・・・・・・・・・・・・ 1.6 g
（みそにより異なるので調整 魚の重量の2％）
みそ（魚の重量の10％）・・・・・・・・ 8 g

〔作り方〕

1 さばの皮に切り目を入れる.

2 しょうがは半量を針しょうがにして水にさらす. 残りはうす切りにする.

3 鍋に水, 酒を入れて温め, 残りの調味料, みその半量, しょうがのうす切りを入れて煮立たせる.

4 ③にさばが重ならないように並べ, 一煮立ちすれば火を弱めて落とし蓋をし, 煮汁をかけながら煮る.

5 仕上げに残りのみそを入れ, さっと煮る.

6 器にさばを盛りつけ, 水気を切った針しょうがをのせる.

＊魚を煮る鍋は, 口が広く浅い平鍋が適する. 魚が重ならないように並べる.

調理の Science ポイント

・魚を2枚おろしにする. 骨つきの方が煮崩れしにくい.

・皮目（皮がついている面）を上にし, 身の厚い部分に切込みを入れておくと火が通りやすい. 加熱で身が縮み, 皮が裂けるのを防ぐこともできる.

・魚からうま味が出るので, だしを使用せず水, 酒で煮る.

・煮汁を沸騰させたところに魚を入れる. 表面のたんぱく質を凝固させ, 煮崩れやうま味, 水分の流出を防ぐためである. 冷たい煮汁に入れると沸騰するまでの時間が長くなり, うま味成分が流出し, 煮崩れもしやすくなる. 生臭みも揮発せず, 魚臭が残ってしまう.

・火加減は中火くらいで, 短時間で加熱する.

・煮汁が多いと魚が煮汁の中を移動し, 煮崩れしてしまう. 落とし蓋をし, 調味を均一にするため少ない煮汁（身の高さより低く）をかけながら煮る. 途中でひっくり返さない.

・揮発性の生臭みを除去するため, 鍋の蓋はしない.

・青背などの魚臭を取り除くときは, ねぎ, しょうがなどの香味野菜を使用する.

・みそには魚の臭みを吸着する性質がある. 揮発性なので, みその香りが残るよう最初に半量, 次に半量を2回に分けて加える.

Recipe

しめさば

調理時間 120分

㊍		176 kcal
㊌		9.9 g
㊐		13.5 g
食塩相当量		1.7 g

（しめさば 50g で計算）

材料（5 ～ 6 人分）

さば ・・・・・・・・・・ 1 尾 600 ～ 700 g
（刺身用，上身で 300 ～ 350 g）

塩（さばの重量の10%）・・・・・・・・・ 60 g
酢（さばが浸かる程度）・・・・・・ 200 ～ 300 g
だいこんのけん・・・・・・・・・・・ 適量
青じそ・・・・・・・・・・・・・・・ 4 枚
しょうゆ・・・・・・・・・・・・・・ 24 g
しょうが（おろす）・・・・・・・・・・ 4 g

［作り方］

1　さばは 3 枚におろし，腹骨をすき取る.

2　バットに塩半量をしき，その上に水気を除いたさばをのせ，残りの塩で表面を覆う.

3　1 時間半～ 2 時間おき，表面の塩を洗い流して水気を取り，中骨を取る.

4　バットに入れ酢を注ぎ，③を約 1 時間浸ける.

5　身を下に，皮を上にしておき，頭の方から皮をむく.

6　皮のついていた方を上にしておき，切り目を入れながら 7 ～ 8 mm に切る.

7　器の向こう側にだいこんのけん，青じそ，手前に⑥を盛り，おろししょうが，しょうゆを添える.

調理の Science ポイント

・酢じめ：塩で身をしめて酢に漬けて，保存性を高める. 生臭みのある魚（さば，あじ，こはだなど）を 3 枚におろし，10 ～ 15%くらいの塩で表面を塩じめし，脱水凝固させて身をしめる.

・さばは肉質が軟らかく身が割れやすいが，塩じめをすると，塩が表面から内部に浸透し，脱水し，アクトミオシンを形成し，身がしまり弾力が出る. その後，酢に浸して生臭みを取る. 酢のみではたんぱく質が分解され，身が軟化・膨張するため，塩をしてから酢と合わせる. 微生物や酵素の働きが弱まり魚臭成分のトリメチルアミンが減少し，生臭みが抜け，保存性が高まる.

・さばは「さばの生き腐れ」といわれるように，鮮度が低下しやすいので，新鮮なものを選ぶ. アミノ酸の一種である，ヒスチジンを多く含むため，鮮度が低下すると有毒物質のヒスタミンになりアレルギーを起こしやすい.

いわしの照り焼き

調理時間 30分		
⊕		264 kcal
た		16.1 g
脂		15.5 g
食塩相当量		1.1 g

材料（1人分）

いわし (上身)・・・・・・・・・・・・	60 g
ピーマン・・・・・・・・・・・・・・	15 g
塩 (ピーマン用)・・・・・・・・・・	少々
サラダ油 (ピーマン用)・・・・・・・・	2 g
薄力粉 (いわしの重量の約5%)・・・・	3 g
サラダ油・・・・・・・・・・・・・	8 g
＊調味料	
みりん (いわしの重量の8%)・・・・・	5 g
酒 (いわしの重量の8%)・・・・・・・	5 g
しょうゆ (いわしの重量の4%)・・・・	2.4 g
砂糖 (いわしの重量の4%)・・・・・・	2.4 g
しょうが (絞り汁)・・・・・・・・・	2 g

〔作り方〕

1 いわしは頭を取り，内臓を出して水洗いし，水気をふき取る．手開きし中骨を取る (写真参照)．

2 ピーマンは種を取り 1 cm 幅に切る．

3 調味料を合わせておく．

4 ①に薄力粉をまぶす．

5 フライパンにサラダ油 (ピーマン用) を入れ，②をさっと炒め塩少々を振って，取り出す．

6 フライパンにサラダ油を入れて④を中火で焼く (盛りつけて上になる方から焼く)．

7 焼き色がつけば裏返し，火を弱めて内部まで火を通す．フライパンの余分な油をペーパーでふき取り，③を入れからめる．

8 照りが出れば器に盛りつけ，⑤を添える．

🧪 調理の Science ポイント ✌

・いわしは身が軟らかく，手で開いておろすことができる (手開き)．

【いわしの手開き】

①頭を切り落とし，腹に切り込みを入れ，包丁の先で内臓をかき出す．水中で洗い水分を取る．

②中骨の上に両手の親指をおき，頭，尾の方向に親指を移動させ身を開く．

③中骨の尾の手前で骨を折り，尾から頭に向かってゆっくりと骨を外す．

低エネルギー，ミネラルとうま味が豊富

5 { 貝類をおいしく調理する }

fish –

貝類は良質のたんぱく質を含み，脂肪は少なく，低エネルギーでカルシウム，鉄，亜鉛など不足しやすいミネラルを多く含みます．貝類のうま味はアミノ酸のグリシン，グルタミン酸，コハク酸などです．血中コレステロールを下げる，肝機能を高めるなどの効果が期待されるタウリンも豊富です．タウリンはいか，えび，たこにも多く含まれます．鉄は吸収されにくい成分ですが，ビタミンCなどを含む野菜などと一緒に摂ると鉄やタウリンの吸収率が高まります．

　ここでは新鮮な貝類の選び方のポイントを述べ，次にいか，えび，たこについても説明します．

新鮮な貝類の選び方のポイント

・口がしっかりと閉じている．
・色つやがよい．
・重みがある．
・触ると，素早く殻を閉じる．
・包装容器に入っている場合，水が濁っていない．

いか，えび，たこ：成分と選び方

○いか

たんぱく質は 100g 中約 18g と少なめですが，グリシンなどアミノ酸を多く含みます．低脂肪，低エネルギーですが，身は噛み応え

があり満腹感が感じられます．いかの表皮は4層で，表皮2層は剥きやすいですが，3，4層は結合組織からなり剥きにくいです．2層を取り除き，切り込みを入れておくと収縮が防げ，調味もしやすくなります．代表的な切り込みを図に示します．加熱しすぎると硬くなるので短時間で加熱します．

※選び方：褐色の表皮でつやがあり，透明感があるものが新鮮です．古くなると透明感がなくなり白くなります．

○えび

たんぱく質は 100g 中約 20g 含まれます．えびの甘味やうま味成分は，アミノ酸のグリシン，アラニン，ベタインです．背わたは背の第2関節にあり，竹串を入れて取ります．加熱により腹側に丸まらないように，腹側に切り込みを入れます．尾先に水がたまっているので尾先を切り，包丁で水をしごき出します．

※選び方：全体に透明感があり，殻が黒くないものが新鮮です．

○たこ

たんぱく質は 100g 中約 16g 含まれます．低エネルギー，低脂肪で，身には噛み応えがあります．

※選び方：生は弾力があり，吸盤が吸いつくもので，ゆでたものは皮がはがれていず，表面に粘りがないものを選びます．

せん切り

かのこ切り

松かさ切り

仏手切り

Recipe

はまぐりの潮汁 <ruby>潮汁<rt>うしおじる</rt></ruby>

調理時間 15分	㋋	19 kcal
	㋫	1.6 g
	㋭	0.1 g
	食塩相当量	1.7 g

材料（1人分）

はまぐり・・・・・・・・・・・	2個
木の芽・・・・・・・・・・・・	1枚
＊調味料	
水 ・・・・・・・・・・・・	150 ml
昆布 ・・・・・・・・・・・	2 g
酒 ・・・・・・・・・・・・	3 g
塩（水の 0.6 %）・・・・・・・	0.9 g

〔作り方〕

1. はまぐりは海水程度の塩水（3％程度）に漬けて, 砂出しする.

2. 鍋に昆布を入れ 30 分ほどおく.

3. ①のはまぐりの殻をこすり合わせて洗い, ぬめりを取り, ②に入れる.

4. ③を火にかけ, 沸騰直前に昆布を取り出す.

5. はまぐりの口が開いたらあくを取り, 塩, 酒で味をつける.

6. 器に盛りつけ, 木の芽をのせる.

＊潮汁は, 魚貝類のうま味を利用し, 塩で味つけをした汁物の一種である.

＊たいなど白身魚やあらをさっと霜降りし, 冷水に取りうろこを取り除いて用いてもよい.

＊はまぐりの旬は 12 月から 3 月である. 一組の貝の組み合わせで同じものはなく, ぴったりとくっついていることから夫婦和合の象徴として, 婚礼など祝い事の料理や, 桃の節句などに使われる.

調理の Science ポイント

・貝（はまぐり, あさり）は海水程度の塩水（2～3％）に浸ける. 水の量は貝がぎりぎり浸るくらいにして, 暗所において砂出しをする. 数時間から約一晩の砂出しを行ったあとに調理する. しじみは淡水と海水が混じり合う水域に生息しているため, 真水で砂出しを行う.

・加熱しすぎると脱水し, 身が縮んでゴムのように硬くなってしまう. 加熱しすぎないようにする.

・木の芽は手のひらにのせ, たたいて用いると香りが立つ.

第3章
野菜・いも
料理の
サイエンス

vegetables
potatoes

1 {野菜を色よく調理する}

vegetables potatoes ─ ─ ─ ─ ─ ─ ─ ─ ─ ─ ─ ─ ─ ─ ─ ─ ─

野菜は種類や品種が豊富で，食用部位によっ
て，葉菜類（キャベツ，ほうれんそうなど），
茎菜類（白ねぎ，セロリなど），根菜類（だいこん，
にんじんなど），果菜類（なす，きゅうりなど），
花菜類（ブロッコリー，カリフラワーなど）に分
類されます．

　水分が多く（85 ～ 95％），ビタミンCやカロ
テノイド（カロテン類とキサントフィル類に分
類される）などのビタミン類，カリウム，カル
シウム，リンなどのミネラル類，食物繊維の供
給源として重要な役割をもっています．美しい
色や特有の香り，テクスチャー（舌ざわり，歯
ごたえ）をもっていて，生食，和え物，煮物，
炒め物，揚げ物などさまざまな料理に広く利用
されます．

　緑黄色野菜とは，可食部100gあたりカロテ
ン含量が600μg以上の野菜のことをいいます．

トマト，ピーマンなどは，可食部100gあたり
の含有量が600μg未満ですが，食べる回数や
量が多いため，緑黄色野菜に分類されます．

　野菜は赤，黄，緑など色素成分をもつものが
多く，見た目の美しさは料理に彩りを添え，食
欲増進にもつながります．脂溶性の色素にはク
ロロフィル，カロテノイド，水溶性の色素には
アントシアン，フラボノイドがあり，これらの
色素は調理により変化します．

　クロロフィルとはほうれんそう，こまつな，
ブロッコリーなどの緑色野菜に含まれる色素
で，アルカリ，酸，長時間の加熱により色が変
化します．ゆでる際は高温，短時間の加熱を行
い，また熱湯に食塩を加えると緑色が安定しま
す．長時間の加熱や酢など酸の影響では褐色に
変化します．

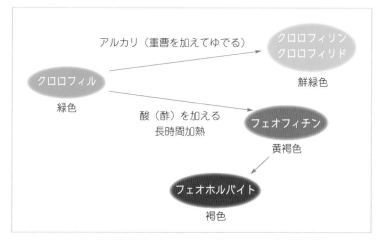

図　クロロフィルの変化

38

カロテノイド（赤，黄，オレンジ）

　かぼちゃ，にんじんなどの緑黄色野菜に含まれる色素で，熱や酸，アルカリに安定しています．脂溶性なので，ゆでる，煮るなどの調理での損失は少なく，揚げる，炒めるなど油を用いると吸収が促進されます．

アントシアン（赤，青，紫）

　なす，赤かぶ，いちご，ぶどう，黒豆の皮など野菜や果物に含まれる色素のことで，pHにより色が変化します．酸性で赤くなり，アルカリ性で青くなります．鉄やアルミニウムなど金属イオンと結びつくと色が安定します．

酸性	中性	アルカリ性
赤 色	← 紫 色 →	青 色

図　アントシアンの色素の変化
鉄やアルミニウムイオンと結合すると，紫色が安定する．

　黒豆を煮ると水溶性のアントシアンは煮汁に溶け出して，皮は黒色から紫色に変化します．黒色を鮮やかに発色させるために，古くぎを入れて煮たり，鉄鍋で煮たりします（「黒豆」，p.124 参照）．

　なすにはナスニンというアントシアン系色素が含まれています．古くぎの鉄イオンやミョウバンのアルミニウムイオンと結合すると，鮮やかな青紫色になります（なすの漬物）．なすを煮ると水溶性のアントシアンは煮汁に溶け出し

なすの漬物
なすの漬物では，ナスニンが鉄イオンと結合し金属イオンにより，青紫色に安定する．

梅干し
シソニンがクエン酸により赤くなる

て，紫色があせてしまい，煮汁やなすの色が悪くなります．煮る前に油で炒めるか，油で揚げてなすの皮の表面に油の膜を作ると，アントシアンが溶け出すのを防ぎ，紫色が安定します．

　梅干しに使う赤しその葉には，シソニンというアントシアン系色素が含まれています．赤しそを梅と一緒に漬け込むと，梅に含まれるクエン酸により赤くなり，美しい梅干しの色になります．

フラボノイド（無色，薄い黄色）

　フラボノイドは，カリフラワーやたまねぎなどに含まれる色素です．酸性では白色，無色になり，アルカリ性で黄色に変化します．たとえば，

・カリフラワーをゆでるときに 1 〜 2％の酢を入れてゆでると（酸性），白く仕上がります．

・小麦粉にかん水（アルカリ水）を用いると（アルカリ性），中華めんは黄色くなります．

・たまねぎを鉄製の包丁で切ると，鉄やアルミニウムイオンと結びつき，茶色に変色します．

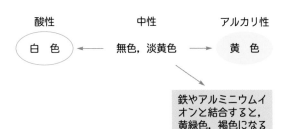

酸性	中性	アルカリ性
白 色	← 無色，淡黄色 →	黄 色

鉄やアルミニウムイオンと結合すると，黄緑色，褐色になる

図　フラボノイドの色素の変化

Recipe ほうれんそうのごま和え

調理時間 15分

ｴ		60 kcal
た		2.9 g
脂		3.6 g
食塩相当量		0.5 g

材料（1人分）

- ほうれんそう・・・・・・・・・・・・・・・60 g
- ＊和え衣
  - 白ごま（材料の重量の7％）・・・・・・4 g
  - 砂糖（材料の重量の3％）・・・・・・・2 g
  - 淡口しょうゆ（材料の重量の5％）・・・3 g

［作り方］

1. ほうれんそうは，根元の部分に包丁で十文字に切り込みを入れ，よく洗う．十文字に切り込みを入れておくと，洗いやすく，火も通りやすい．ゆでたあと，根元をそろえて絞ると，同じ長さに切りやすい．

2. 鍋に水を入れ沸騰させ，塩少々を入れ（分量外），①を根元の方から入れ，沸騰すれば一度裏返し，再沸騰すれば冷水にとる．

3. 粗熱が取れれば引き上げて水気を絞り，4 cm長さに切る．

4. 白ごまは鍋に入れ，弱火で軽く炒り，すり鉢に入れよくすり，調味料と合わせる．

5. ④に③を入れて和え，器に盛りつける

＊ごまの代わりにくるみや落花生を，すり鉢ですり用いてもよい．

＊ほうれんそうのほかに，こまつな，さやいんげん，キャベツ，もやしなどを使ってもよい．

＊ごまの外皮は硬いので消化吸収されにくい．することで消化吸収がよくなる．

調理の Science ポイント

- ほうれんそうなど緑色野菜をゆでるときは，温度の低下が最小限になるように，たっぷりの熱湯で（重量の約5倍），短時間でゆでる．

- ゆで水に約1％の塩を加えると，ナトリウムイオンがクロロフィルに作用し，クロロフィルからフェオフィチンへの変化が抑えられ，青菜の色が鮮やかになる．

- 鍋に蓋をしてゆでると，野菜に含まれる有機酸（酢酸やシュウ酸）がゆで汁に溶け出し，ゆで汁が酸性になり，緑色が退色してしまう．鍋の蓋をせずにゆで，有機酸を揮発させる．

- 加熱終了後は，色止め，あく抜き，過加熱を防ぐため，冷水で急冷する．水に長時間漬けると水溶性ビタミン（ビタミンCなど）やミネラルが水に溶け出すので，粗熱が取れれば，すぐに引き上げる．

- ほうれんそうにはシュウ酸が含まれている．シュウ酸はあくの成分で，カルシウムと結合してその吸収を妨げる．シュウ酸は水溶性のため，水に漬ける，ゆでるなどにより溶出する．

- 酢の物などは，食べる直前に和える（酢の作用で，クロロフィルがフェオフィチンに変化するため）．

新しょうがの甘酢漬け

調理時間 15分

エ	27 kcal
た	0.1 g
輔	0 g
食塩相当量	0.5 g

材料（1人分）

新しょうが・・・・・・・・・・・・・ 15 g

＊甘酢
酢 ・・・・・・・・・・・・・・・ 12.5 g
砂糖 ・・・・・・・・・・・・・・・ 5 g
塩 ・・・・・・・・・・・・・・・ 0.5 g

〔作り方〕

1 ボウルに甘酢の調味料を合わせ，よく混ぜる.

2 新しょうがは繊維にそって，うす切りにする.

3 鍋に水を入れて沸騰させ，②をさっとゆでて，ざる
に引き上げる．塩少々（分量外）を振り，水気を取り
甘酢に漬ける.

4 味がなじめば器に盛りつける.

調理の Science ポイント

・新しょうがの色素であるアントシアンは酢と反応し，
ピンク色になる.

・新しょうがは，繊維を断ち切らないように繊維にそっ
て切ると歯ごたえがよい.

・1 週間ほど漬けると味がなじむ.

Recipe

ピクルス

調理時間 20分		236 kcal
下記の分量	エ	4.1 g
	た	0.2 g
	食塩相当量	3.4 g

材料（作りやすい分量）

赤たまねぎ・・・・・・・・・・・・・・	80 g
パプリカ（赤・黄）・・・・・・・・・・	各40 g
カリフラワー・・・・・・・・・・・・・	80 g
きゅうり・・・・・・・・・・・・・・・	80 g
塩（きゅうり用，きゅうりの1％）・・・・	0.8 g

＊漬け汁
酢　・・・・・・・・・・・・・・・	200 ml
水　・・・・・・・・・・・・・・・	100 ml
砂糖・・・・・・・・・・・・・・・	32 g
塩　・・・・・・・・・・・・・・・	2.6 g
黒こしょう・・・・・・・・・・・・	2 粒
唐辛子（輪切り）・・・・・・・・・・	少々
ローリエ・・・・・・・・・・・・・	1 枚

〔作り方〕

1　鍋に漬け汁の調味料を合わせ，一煮立ちさせ，火を止め冷ます．

2　赤たまねぎ，パプリカは一口大に切り，カリフラワーは小房に分ける．

3　きゅうりは乱切りにし，塩を振り水気を絞り，漬け汁に漬ける．

4　鍋に水を入れ沸騰させ，酢少々（分量外）を入れ，カリフラワーをさっとゆで，ざるに取って水気を取り，漬け汁に漬ける．

5　④の残りの湯で赤たまねぎ，パプリカをさっとゆで，カリフラワーと同様に漬け汁に漬ける．

6　消毒した容器に⑤を入れ，冷蔵庫で保存する．

7　味がなじめば器に盛りつける．

調理の Science ポイント

・きゅうりに含まれるクロロフィルは，酸性条件下で黄褐色に変化する．

・赤たまねぎに含まれるアントシアンは，酸性条件下で赤色に変化する．

・カリフラワーに含まれるフラボノイドは，酸性条件下で白色に変化する．

・パプリカに含まれるカロテノイドは，酸性条件下でも安定し変化しない．

・酢に浸けると pH が下がり微生物の繁殖が抑制される．殺菌作用があるため，保存性が高まる．

2 { 野菜を歯ざわりよく調理する }

vegetables potatoes –

野菜の歯ざわりは調理により変化します．歯ざわりよく，おいしく調理するための調理方法について説明します．

生食調理

野菜を水に漬ける（野菜サラダ，キャベツのせん切りなど）場合，細胞内の液の濃度より低い（浸透圧の低い）水に漬けると，水は細胞内に移動し，細胞は水で膨らみパリッとした歯ざわりになります．

野菜に含まれる水溶性ビタミンやミネラル（鉄，マグネシウム，カルシウム，カリウムなど）は水に漬けたり，ゆでたりすると水に溶出します．野菜は水に漬ける，ゆでるなどの時間を短くするとビタミンやミネラルの残存率は高くなります．

野菜に塩を振る，食塩水に浸す（きゅうりの塩もみ，だいこんのなますなど）場合，細胞内の液より濃度の高い（浸透圧が高い）食塩水や調味液に漬けると，細胞内の水は細胞外に出て，しんなりとした軟らかい歯ざわりになります（原形質分離）．

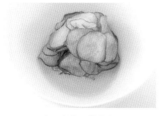

きゅうりの塩もみ

酢の物や和え物など，野菜に塩を振り脱水させると，調味液を吸収しやすくなります．和え物などで，調味液と合わせ，長時間おくと，調味液が細胞内に浸透し，水分が引き出されて水っぽくなるので，食べる直前に合わせます．

pHと調理

加熱による野菜の軟化には野菜の細胞壁内，細胞壁間に存在するペクチンの分解が関わっています．ペクチンは細胞と細胞を接着させて野菜に硬さなどを与えています．加熱によりペクチンが分解すると，結着性が失われ軟らかくなります．

野菜を酸性（pH 3以下）で加熱するとペクチンが加水分解し，中性やアルカリ性下（pH 5以上）で加熱すると，ペクチンのグルコシド結合がβ脱離（トランスエリミネーション）により分解し，いずれも細胞間の結合がゆるみ軟化します．

弱酸性（pH 4前後）では，ペクチンの加水分解，β脱離の，いずれも起こりにくいため，ペクチンが分解されず，シャキシャキとした食感になります．れんこんやごぼうをゆでるときに少量の酢を加えると，シャキシャキした食感になるのは，このためです．

加熱の温度

80〜100℃で加熱すると速やかに野菜が軟化しますが，50〜70℃で加熱すると細胞壁に存在する酵素ペクチンエステラーゼが活性化し，ペクチンが不溶化し野菜は硬化します．その後100℃で加熱しても軟化しにくくなります（煮崩れ防止にも利用されます）．

Recipe

コールスローサラダ

調理時間 20分　エ 51 kcal　た 0.9 g　脂 3.6 g　食塩相当量 0.6 g

材料（1人分）

- キャベツ・・・・・・・・・40 g
- きゅうり・・・・・・・・・10 g
- ミニトマト・・・・・・・・20 g
- ＊ドレッシング
  - 酢・・・・・・・・・・4 g
  - 塩・・・・・・・・・0.6 g
  - 砂糖・・・・・・・・0.2 g
  - こしょう・・・・・・少々
  - マスタード・・・・・0.3 g
  - マヨネーズ・・・・・・2 g
  - オリーブ油・・・・・・2 g

［作り方］

1. キャベツは繊維にそって，せん切りにする．
2. きゅうりは斜めうす切りにしてから，せん切りにし，①とともに水に浸ける．
3. ミニトマトは4つ切りにする．
4. ボウルにドレッシングを合わせ，泡立て器で混ぜる．
5. ②の水気を切り，④と合わせる．
6. 器に盛りつけ③を飾る．

調理の Science ポイント

- キャベツなどせん切り野菜をサラダに使用するときは，切ってから水に漬ける．細胞内の液より低い濃度（浸透圧が低い）の水に漬けると，水が細胞内に入り歯ざわりよく仕上がる．ただし，水溶性ビタミンや，ミネラルが水に溶出するので，水に漬けるのは短時間にとどめる．

- ドレッシングと合わせたあと時間をおくと野菜が脱水してしまうので，食べる直前に和える．

- 野菜は切る方向によりテクスチャーが異なる．
  - 繊維の方向にそって切る ⇒ 歯ごたえがよくなる，煮崩れしにくい．
  - 繊維の方向に直角に切る ⇒ 歯ごたえに変化はない，早く軟らかくなる．

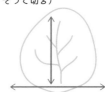

縦に切る（繊維の方向にそって切る）

横に切る（繊維の方向に直角に切る）

図　キャベツの切り方の違い

3 { 野菜をおいしく加熱する }

vegetables potatoes -

野菜は苦味，えぐ味，渋味など不味成分のあくとよばれる成分を含むので，加熱して，溶出させます．加熱すると組織が軟化し，調味液が浸透しやすく，消化も促進されます．また，長時間の加熱により色が変化します．ゆでる際は高温，短時間の加熱で行い，また熱湯に塩を加えると緑色が安定します．酢など酸の影響を受けると褐色に変化します．

酵素的褐変

れんこん，ごぼう，りんご，じゃがいもなどを切って放置すると切断面が褐変します．

野菜の細胞が切断されると野菜に含まれるポリフェノール類が，酸素と酵素ポリフェノールオキシダーゼの作用により酸化され，褐色物質（メラニン）が生成されるためです．

○褐変を防ぐ方法

・**水につける**：空気中の酸素と接触しないように水に漬けます．ポリフェノールオキシダーゼは水溶性で水に溶出し，褐変を防ぐことができます．

・**酢・かんきつ類の果汁（レモンなど）を用いる**：酢やレモン果汁などでpHを酸性にすると酵素活性を抑制し，褐変を防ぐことができます．

・**食塩水に漬ける**：空気中の酸素と接触しないように食塩水に漬け，酵素活性を抑制します．

・**加熱**：野菜は熱湯または蒸気で短時間加熱すると酵素が失活し，褐変を防ぐことができます．この加熱処理をブランチングといいます．野菜を冷凍するときも，加熱し酵素を失活させてから冷凍します．

野菜をゆでるときのポイント

・青菜：鮮やかな色と歯ごたえを残すため，熱湯で短時間でゆでます．

・根菜：水からゆでます．熱湯でゆでると中心部に火が通るまでに表面が煮崩れしてしまいます．水からゆでると，素材に均一に火を通すことができます．

表　野菜をゆでるときの添加材料

	食品	添加材料	目的・効果
沸騰水から入れる	緑色野菜	食塩 0.5 ～ 1 %	あく抜き，色鮮やかになる ビタミン C の酸化抑制
	山菜 （わらび，よもぎ，ふき，ぜんまい）	重曹 0.2 ～ 0.3%	あく抜き，色鮮やかになる 重曹を入れると，ゆで汁がアルカリ性になり緑色が安定する
	カリフラワー	小麦粉 2%　酢 2%	小麦粉：うま味の溶出防止 酢：あく抜き．フラボノイド色素が白く仕上がる
	葉野菜（白菜など）	食塩 0.5 ～ 1 %	あく抜き，ペクチンの分解を促進．軟化
水から入れる	新たけのこ，だいこん	米ぬか，米のとぎ汁	あく抜き ぬかの酵素で軟化しえぐ味を抜く
	れんこん，ごぼう	酢 0.5 ～ 1%	褐変防止，白く仕上げる ペクチンの分解が抑制されてシャキシャキになる
	さつまいも	焼きミョウバン 0.5%	煮崩れ防止 アルミニウムイオンがペクチンの分解を抑制

Recipe 天ぷら

調理時間 30分	エ	360 kcal
	た	9.6 g
	脂	18.9 g
	食塩相当量	1 g

材料（1人分）

えび・・・・ 20 g（1尾）
れんこん・・・ 20 g
しいたけ・・ 1枚（10 g）
さつまいも・・・ 15 g
かぼちゃ・・・・ 15 g
青じそ・・・・ 1 g（1枚）
だいこん・・・ 30 g
下粉・・・・・・ 6 g
（薄力粉，衣の吸着をよくするため）
揚げ油（サラダ油）・・適量

＊衣
　卵・・・・・・ 10 g（粉の1.7倍）
　冷水・・・・・ 24 g
　薄力粉・・・・ 20 g
　（材料の20%）
＊天つゆ
　淡口しょうゆ ・ 5 g
　みりん ・・・・ 5 g
　だし ・・・・ 20 ml

［作り方］

1. えびは背わたを取り，尾と一節を残して殻をむき，尾先を斜めに切り，水を出す．揚げたときに曲がらないよう，腹側に数か所切り込みを入れる．

2. れんこんは皮をむき輪切り（大きければ半月切り）にし，水にさらし水気を取る．しいたけは石づきを取る．

3. さつまいも，かぼちゃはうす切りにし，青じそは軸を取っておく．

4. だいこんはおろして水気を切る．

5. 天つゆを作る．鍋にみりんを煮切り（煮立ててアルコール分を蒸発させる），淡口しょうゆ，だし汁を入れて沸騰させる．

6. サラダ油は170℃に温める．

7. 溶きほぐした卵と冷水を合わせ，薄力粉を加えさっくり混ぜる．

8. ①は尾を残して下粉，衣をつける．れんこん，さつまいもに下粉，衣をつけ油で揚げる．

9. 器に盛りつけ，おろしだいこん，天つゆを添える．

調理の Science ポイント

・衣にはグルテン含有量の少ない薄力粉を使用する．

・天ぷらは材料の水分が蒸発し，代わりに油が吸収される．　グルテンが形成されると粘りが出て表面を硬い衣で覆ってしまうため，材料の水分が蒸発しにくくなり，油も吸油しにくい．

・卵，水，薄力粉は冷やしておく．夏季は氷水を使用する．

・ボウルに卵と水を入れ，薄力粉を一気に加え，太めの菜箸などでさっくりと混ぜ，まだ薄力粉がそのまま少し残っている程度で混ぜるのを止めておく．かき混ぜすぎない．

・衣は時間が経つとグルテンが形成され，粘りが出るので，作りおきせずに使う直前に作る．

・衣を火のそばにおかない．温度が上がるとグルテンの形成が促進される．

・材料ごとに油の温度を調整する．

・油に多くの材料を入れると温度が下がってしまうので，油の表面積の 1/2 くらいにする．

・引き上げる前に温度を上げると，油切れがよくなる．

4 {凝固剤を使い分けよう}

こ こではゼラチン，寒天，カラギーナンなどの凝固剤について説明します．

ゼラチン

ゲル形成に必要なゼラチン濃度は 2 ～ 4 ％です．

ゼラチン濃度が高いほど凝固温度は高くなり，また冷却温度が低く，冷却時間が長いほどゼリー強度が増します．

寒天

ゲル形成に必要な寒天濃度は 0.5 ～ 2 ％です．

カラギーナン（アガー）

透明度が高くなめらかなゲルを形成します．必要な濃度は 4～5 ％です．

表　ゼラチン，寒天，カラギーナン（アガー）の特徴

	ゼラチン	寒天	カラギーナン（アガー）
成分	たんぱく質	多糖類	多糖類
原料	動物の骨や皮を構成するたんぱく質	海藻（テングサ，オゴノリ）	海藻（スギノリ，ツノマタ）
形状	板状，粒状，粉状	棒状，糸状，粉状	粉状
下準備	板状は 20℃以下の水に浸けて吸水，ふやかす（約 20 分） 粒状は吸水，ふやかす（約 5 分）	粉寒天は浸漬せず水に直接入れて混ぜる 棒状，板状は水に浸けて，約 1 時間吸水させる	だまになりやすいので砂糖と混合しておく
ゲル化	吸水，膨潤のあと，湯せんか 50 ～ 60℃の水溶液に入れて溶解させる．沸騰させるとゲル強度が低下する 冷蔵か氷水で冷却し凝固（10℃以下）	水に寒天を入れ（副材料は入れない）加熱，溶解温度は 90℃以上のため一度沸騰させる 凝固開始温度：28 ～ 35℃	水溶液と合わせ加熱，溶解させる（80 ～ 100℃） 室温で凝固
ゲルの特性	軟らかく，弾力がある．口の中（体温）で溶ける	硬くもろい，弾力がない 離水しやすい	寒天とゼラチンの間の硬さ粘弾性がある
砂糖	濃度が高いほど凝固温度が高くなり，透過率と硬さが増す	凝固温度が高くなり，透明度が高く，硬くなる．砂糖により離漿が少なくなる	粘弾性が高まり，離漿も減少する
添加材料の影響　酸	酸味の強い果汁などを入れて加熱すると，たんぱく質の加水分解によりゲル化が妨げられる．粗熱を取ってから（60℃前後）加える	果汁の有機酸の影響で寒天が分離し，強度が弱まる	酸により加水分解され，ゲル強度は低下する
その他	たんぱく質分解酵素を含む果物を生で加えると，酵素により凝固力が失われる．加熱して酵素を失活してから用いる．牛乳を用いると，牛乳中のカルシウムなどの塩類によりゲルが硬くなる	たんぱく質分解酵素を含まない食品に用いる 牛乳中の脂肪やたんぱく質がゲル形成を阻害し，強度は弱まる	たんぱく質分解酵素の影響は受けない．この酵素を含む果物を入れたゼリーが作れる
用途	ゼリー，ババロア，流動食や嚥下困難の治療食など	ようかん，和菓子 杏仁豆腐	ゼリー，グミ，アイスクリーム

＊アガーは，カラギーナンを原料とする市販のゲル化剤である．

Recipe

コーヒーゼリー
（ゼラチン）

調理時間
15分

エ	88 kcal
た	1.5 g
脂	3.2 g
食塩相当量	0 g

材料（1個分）

粉ゼラチン ・・・・・・・・・・・・・ 1.25 g
水 (ゼラチン用) ・・・・・・・・・・・ 10 ml

＊ゼリー液
水 ・・・・・・・・・・・・・・ 75 ml
砂糖 ・・・・・・・・・・・・・・ 12 g
インスタントコーヒー ・・・・・・ 1.5 g
＊トッピング
生クリーム ・・・・・・・・・・・ 7 g
砂糖 ・・・・・・・・・・・・・・ 0.7 g
ミント (葉) ・・・・・・・・・・・ 少々

［作り方］

1　粉ゼラチンは分量の水でふやかしておく.

＊ゼラチンには粉状, 粒状, 板状のものがある. ふやかさずに, 温めた湯やコーヒーなどに直接入れて溶かすことができるものもある.

2　鍋に水を入れ沸かし, 砂糖を入れ溶かす.

3　火を止めコーヒー, ①のゼラチンを入れ溶かす.

4　粗熱を取り, 器に流し, 冷蔵庫で冷やし固める.

5　生クリーム, 砂糖をボウルに入れ泡立てる.

6　ゼリーが固まれば⑤, ミントの葉をのせて仕上げる.

調理の Science ポイント

・板ゼラチンを使用する場合は, 水に浸し (夏季はゼラチンが溶けるので氷水に浸ける), 軟らかくなれば, 温めた水溶液に入れて溶かす.

・使用濃度は 2 〜 4%といわれているが, 商品や形状により異なるため確認して用いる.

・過加熱するとゲル化しない. 温めた水溶液に火を止めてから加える.

・冷却時間が長いほど, また冷却温度が低いほど, ゼリー強度は大きくなる.

・型から抜くときは型に入れたまま, 45 〜 50℃の湯に数秒入れて (長く浸けるとゼラチンが溶ける) 周囲が動くようになれば型から取り出す.

・室温で放置すると溶けるので, 夏季は温度の管理に注意する.

 水ようかん
（寒天）

調理時間 15分	㋐	84 kcal
	㋫	1.2 g
	脂	0.1 g
	食塩相当量	0.1 g

［材料（1個分）］

粉寒天・・・・・・・・・・・・・・・ 0.5 g
水・・・・・・・・・・・・・・・・・ 40 ml
砂糖・・・・・・・・・・・・・・・・ 4 g
こしあん・・・・・・・・・・・・・・ 25 g
塩・・・・・・・・・・・・・・・・・ 少々

［作り方］

1 湯のみなどにラップフィルムをしいておく．

2 鍋に粉寒天，水を入れてよく混ぜ，火にかける．

3 沸騰すれば火を弱め，砂糖，こしあん，塩を入れ混ぜる．

4 こしあんが混ざれば火を止め，粗熱を取る．

5 ①に④を流し入れ，ラップフィルムを中央に寄せ，輪ゴムで止めて氷水で冷やす．

6 固まれば，輪ゴムとラップフィルムを取り，器に盛りつける．

調理の Science ポイント

・寒天の溶解温度が 90℃以上なので，一度沸騰させて凝固させる．

・寒天溶液を長時間放置すると，水が表面に浮き上がってくる．この現象を離漿または離水という．砂糖を添加すると離漿が少なくなる．

・酸味の強い果汁や牛乳を加えるとゲル化が低下し，軟らかくなる．

・水ようかん，ぜんざい，汁粉など，あんを使用するときは塩少々を加えると，甘味をより強く感じられる（味の対比効果）．

Recipe

フルーツゼリー（アガー）

調理時間 20分

		74 kcal
エ		0.3 g
た		0.1 g
脂		
食塩相当量		0 g

材料（1個分）

パインアップル・・・・・・・・・・ 20 g
キウイフルーツ・・・・・・・・・・ 20 g
ミント（葉）・・・・・・・・・・・ 適量

＊ゼリー液
水 ・・・・・・・・・・・・ 75 ml
砂糖 ・・・・・・・・・・・ 10 g
アガー ・・・・・・・・・・ 3 g
レモン汁 ・・・・・・・・・ 2.5 g
コアントロー ・・・・・・・ 3 g

［作り方］

1 パインアップル，キウイフルーツは皮をむき 1 cm 角に切る.

2 ①をゼリー型に入れる.

3 小さいボウルに砂糖とアガーを入れ，よく混ぜる.

4 鍋に水，③を入れてよく混ぜ火にかける.

5 沸騰すれば火を止め，粗熱を取り，レモン汁を入れ混ぜる．コアントローを加える.

6 ②の型に流し，冷蔵庫で冷やし固める.

7 固まればミントの葉をのせて仕上げる.

調理の Science ポイント

・アガーはたんぱく質分解酵素の影響を受けにくい.

・吸水性が高く，粒子が細かいため，溶けにくくくダマになりやすいので，あらかじめ砂糖と混合してから水と合わせる.

・生のパインアップル，パパイヤ，キウイフルーツなどは，たんぱく質分解酵素であるプロテアーゼを含んでいる．生の果実でゼラチンゼリーを作るとゼラチンのたんぱく質が分解され，凝固しにくくなる.

・果物は加熱し，酵素の活性を失わせてから使用するか，凝固直前まで冷やしてから加える，缶詰を使用する（缶詰のパインアップルは加熱処理されているので，酵素は失活している）．また，たんぱく質分解酵素の影響を受けないアガーなどを使用する.

わらびもち（わらび粉）

調理時間 20分	㋲	96 kcal
	㋫	1.1 g
	㋐	0.8 g
	食塩相当量	0.1 g

材料（1人分）

＊生地
 わらび粉 ・・・・・・・・・・・・・ 18 g
 水 ・・・・・・・・・・・・・・・ 100 ml

きなこ・・・・・・・・・・・・・・・・3 g
砂糖・・・・・・・・・・・・・・・・・6 g
塩・・・・・・・・・・・・・・・・・少々

調理の Science ポイント

・加熱し糊化したでんぷんは透明になるが，冷蔵庫や氷水などで冷やしすぎると老化して白濁し，硬くなり，粘性が減少する．

・生地に砂糖を用いてもよい．

［作り方］

1 ボウルにわらび粉を入れ，分量の水を少しずつ加える．

2 ①をこし，鍋に入れ中火にかけ，混ぜながら加熱する．

3 沸騰し，全体が透明になればさらに1～2分加熱し，絞り袋（口金なし）に入れる．

4 ボウルに水を入れ，絞り袋を水に浸けながら丸く絞り，冷やす．

5 きなこ，砂糖，塩を合わせる．

6 器に水気を切った④を盛りつけ⑤をかける．

＊生地は水でぬらした流し缶やバットに流し，切り分けてもよい．

＊わらび粉は，山菜のわらびの地下茎から取ったでんぷんを加工したもの．

＊生産量が少なく高価なため，市販のわらび粉は，さつまいものでんぷんを原料としている．

でんぷんの糊化，褐変に注意

5 {じゃがいもをおいしく調理する}

vegetables potatoes -

じゃがいもなどいも類の主成分は，でんぷんです．水分は 70 ～ 80%と多く含まれ，それにより，吸水せずにでんぷんを糊化することができます（p.92 参照）．そのほか，カリウム，カルシウムなどのミネラルを含んでいます．

加熱によりでんぷんが糊化すると，ビタミンCなど水溶性成分の溶出は少なくなります．他の野菜と比べると大きく切って使うことが多いので，調理中の損失も少なくなります．

じゃがいもには糖分が少なく，味が淡白なので，さまざまな料理に用いることができます．

芽や緑色の皮には有毒なグルコアルカロイド（ソラニン）が含まれています．加熱調理では分解しないため，芽は取り除き，緑色の皮は厚くむいて用います．

じゃがいもの切り口を空気中にさらすと褐変します．これはアミノ酸の一種，チロシンがじゃがいもの中の酵素チロシナーゼによって酸化され，褐色の色素メラニンが生成されるためです．切ったじゃがいもはすぐに水に浸けて，チロシンを水に溶かし褐変を防ぎます．

表　じゃがいもの種類

品質	名称	特性	調理例
粉質いも	男爵，農林 1 号	でんぷん含量が多い．煮崩れしやすい．	マッシュポテト（p.54 参照），コロッケ，こふきいも（p.27 参照），ポテトサラダ（p.53 参照）
粘質いも	メークイン，紅丸	でんぷん含量が少ない．煮崩れしにくい．	カレー，シチュー，肉じゃが

じゃがいもチヂミ

材料（2 人分）

```
じゃがいも・・・・・・・・・・・ 300 g
豚バラ肉・・・・・・・・・・・・ 70 g
にんじん・・・・・・・・・・・・ 30 g
ねぎ・・・・・・・・・・・・・・ 30 g
にら・・・・・・・・・・・・・・ 30 g
かたくり粉・・・・・・・・・・・ 18 g
鶏ガラスープ（顆粒）・・・・・・・ 3 g
こしょう・・・・・・・・・・・・ 少々
＊たれ
： 濃口しょうゆ ・・・・・・・・ 12 g
： 酢 ・・・・・・・・・・・・・ 12 g
： ごま油 ・・・・・・・・・・・ 4 g
： ラー油 ・・・・・・・・・・・ 少々
ごま油・・・・・・・・・・・・・ 12 g
```

〔作り方〕

1 豚バラは 2 cm 長さに切る．

2 にんじんはせん切りにする．ねぎは縦半分に切り斜めうす切りにする．

3 にらは 3 cm 長さに切る．

4 じゃがいもはすりおろし，軽く水気を切る．

5 ④をボウルに入れかたくり粉，鶏ガラスープ，こしょうを入れ混ぜる．

6 ⑤に②，③を入れて混ぜる．

7 フライパンを温め，ごま油を入れ⑥を流し，丸く平らに形を整える．

8 ①をのせ，底が焼ければ裏返し，色よく焼き器に盛りつける．

9 たれを合わせて添える．

ポテトサラダ

調理時間 30分	工	188 kcal
	た	3.8 g
	臙	10.6 g
	食塩相当量	0.8 g

材料（1人分）

じゃがいも・・・・・・・・・・・ 100 g
たまねぎ・・・・・・・・・・・・ 8 g
きゅうり・・・・・・・・・・・・ 20 g
ロースハム・・・・・・1/2枚(10 g)
レタス・・・・・・・・・・・・・ 20 g

＊調味料
塩・・・・・・・・・・・・・・0.3 g
こしょう・・・・・・・・・・・少々
マヨネーズ・・・・・・・・・・12 g

［作り方］

1. じゃがいもは皮をむき一口大に切り，水にさらす．

2. 鍋に①，かぶるくらいの水を入れ，軟らかくなるまでゆでる．

3. ざるに引き上げ，鍋に戻し，火にかけ余分な水気を飛ばす．

4. ボウルに入れ熱いうちにつぶし，塩，こしょうで味をつけて冷ます．

5. たまねぎはうす切りにし，水にさらし，辛味が抜ければ水気を切る．

6. きゅうりは小口切りにし，塩少々（分量外）を振ってしんなりすれば水気を絞る．ハムは2 cmくらいに切る．

7. ④に⑤，⑥を入れて混ぜ，マヨネーズで和え味をつける．

8. 器にレタスをしき⑦を盛りつける．

 調理の **Science** ポイント

- じゃがいもは水からゆでる．沸騰水に入れるとじゃがいもの表面の温度が上がり，中心まで軟らかくなるまでに表面の高温時間が長くなり表面が煮崩れしてしまう．水からゆでると外部と内部の温度差が小さく，表面の過加熱を防ぐことができる．

- 水溶性ビタミンが流れ出るのを防ぐ為めに，大きめに切ってゆでるか，そのまま蒸し器で蒸す．

- マヨネーズは酢と油が卵黄のレシチンにより乳化し結びついているが，高温では水と油に分離しやすいので，じゃがいもが完全に冷めてから混ぜる．

- マッシュポテトと同様，粉質のいもが適している．

マッシュポテト

調理時間 20分	工	68 kcal
	た	1.3 g
	糖	2.1 g
	食塩相当量	0.5 g

材料（1人分）

じゃがいも・・・・・・・・・・・・・・・・60 g
牛乳（または生クリーム）・・・・・10 ml
バター・・・・・・・・・・・・・・・・・2 g
塩・こしょう・・・・・・・・・・・・・少々
パセリ・・・・・・・・・・・・・・・・少々

〔作り方〕

1 じゃがいもは皮をむき一口大に切り，あく抜き，褐変防止のため水にさらす．

2 鍋に①，かぶるくらいの水を入れてゆで，軟らかくなればざるに引き上げ熱いうちにつぶす．

3 ②を鍋に戻し，牛乳，バターを入れて軽く煮て塩，こしょうで味をつける．

4 器に盛りつけ，パセリのみじん切りを振る．

 ### 調理の Science ポイント

・ポテトサラダやマッシュポテトでは，加熱したじゃがいもを熱いうちにつぶす．熱いうちはペクチンに流動性があり，細胞と細胞が離れやすく，わずかな力でつぶすことができる．冷めると流動性がなくなり，細胞が離れにくくなり，無理につぶすと細胞膜が破れ，糊化したでんぷんが細胞外に押し出され，もちのように粘りが出て口あたりが悪くなってしまう．

・男爵など粉質のいもが適している．

6 { さつまいもで甘い料理を作る }

vegetables potatoes –

さ つまいもは糖分や食物繊維を多く含み，またでんぷんを分解してマルトース（麦芽糖）にする酵素 β-アミラーゼを多く含みます．β-アミラーゼは 40 〜 75℃付近で活性が高いので，この温度帯をゆっくり加熱するとマルトースの生成が多くなり，さつまいもが甘くなります．電子レンジを使用すると，内部の温度が急速に上昇するので，β-アミラーゼが速く失活してしまい，マルトースの生成量が少なくなります．徐々に温度が上がる蒸し加熱などでは β-アミラーゼの作用する時間が長くなり，マルトースの量が増し，甘くなります．

　ここでは甘い料理を作るときに欠かせない，砂糖の加熱による温度変化と，またさつまいもなどのいも類を調理する場合に知っておきたい，よいいもを見分けるポイントを説明します．

よいいも類の見分け方

○じゃがいも

- **成分の特徴**：ビタミンC，カリウムが豊富．
- **見分けるポイント**：丸みがありずっしりとしているもの，皮に傷や，しわ，斑点がないもの，また，皮に緑色の部分が少なく，芽が出ていないものを選びます．

○さつまいも

- **成分の特徴**：ビタミンC，カリウム，食物繊維が豊富．
- **見分けるポイント**：色むらがなく，ふっくらとしたもの，皮にしわがなく，つやがあるものがよいでしょう．

○さといも

- **成分の特徴**：ビタミンC，カリウムが豊富．
- **見分けるポイント**：泥がついていて，表面がしっとりとして乾燥していないものを選びます．

○ながいも

- **成分の特徴**：カリウムが豊富
- **見分けるポイント**：切り口が白いもので，黄色や茶色に変色していないもの，また皮に傷がないものを選びます．

シロップ（100 〜 105℃）　　抜絲（140 〜 150℃）　　カラメル（170℃以上）

加熱温度による砂糖の変化

表　砂糖の加熱による変化

加熱温度（℃）	名称	状態	利用例
100 〜 105	シロップ	沸騰し泡立つ	シロップ，甘煮，シロップ漬け，飲料
116 〜 110 → 40	フォンダン	なめらかなクリーム状の白い結晶	ケーキ，クッキー，マジパン
115 〜 120	アイシング（砂糖衣）	泡が全体に広がる	かりんとう
120 〜 135	あめ	粘りが出る	キャラメル，ヌガー
140 〜 150	抜絲　銀絲（インスー）	あめ状になり糸を引く	さつまいも，りんごなどのあめ煮，ドロップ
160 〜 165	金絲（チンスー）		
170 〜 190	カラメル	茶褐色に色づく	プリン，カラメルソース
190 〜 200		黒褐色で砂糖が炭化	着色用カラメル

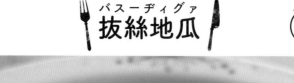

バスーヂィグァ
抜絲地瓜

調理時間 20分	①	171 kcal
	た	0.6 g
	脂	5.1 g
	食塩相当量	0 g

材料（4人分）

| さつまいも ・・・・・・・・・ 皮をむき 200 g |
| サラダ油（バットに塗る）・・・・・・・・ 少々 |
| 揚げ油・・・・・・・・・・・・・・・ 適量 |

＊あめ
　砂糖　・・・・・・・・・・・・・ 60 g
　酢　・・・・・・・・・・・・・・・ 5 g

〔作り方〕

1. さつまいもは皮をむき，長さ 4 ～ 5 cm の乱切りにして水にさらし，水気を取る．

2. バットに薄くサラダ油を塗っておく．

3. 揚げ油を約 160℃に温め，①を入れて揚げ，浮き上がってきたら温度を約 180℃にし，きつね色に揚げる．

4. フライパンにあめ用の砂糖，酢を入れて煮詰め，糸を引くようになれば（140℃），火を止め，②を加え手早くからめ，油を塗ったバットに広げて冷ます．

5. 冷めてあめが固まれば，器に盛りつける．

＊材料にからめるあめが，熱いうちは糸をひくので「抜絲」という．

調理の Science ポイント

・酸（酢）を加えて加熱すると，砂糖の結晶化を防ぐことができる．

・砂糖を加熱し，140℃くらいになれば，揚げたさつまいもとからめる．いもが冷えるとあめが固まって結晶化するので，熱いうちにからめる．

・砂糖を煮つめるときは撹拌すると砂糖が結晶化するので，なるべく撹拌せず，鍋を動かしあめの色を均一にする．

スイートポテト

調理時間 30分	⏱	163 kcal
	た	2 g
	福	7 g
食塩相当量		0 g

材料（1個分）

さつまいも・・・・・・・・・	50 g
砂糖・・・・・・・・・・・・	6 g
バター（食塩不使用）・・・・・	3 g
卵黄・・・・・・・・・・・・	5 g
生クリーム・・・・・・・・・	4 g
バニラエッセンス・・・・・・	少々
ラム酒・・・・・・・・・・・	1 g
シナモン（好みで）・・・・・・	少々
溶き卵（つやだし用）・・・・・	少々
黒ごま・・・・・・・・・・・	少々

［作り方］

1 さつまいもは皮をむき，2 cm 厚さの輪切りにし水にさらして，水気を取る．

2 沸騰した蒸し器に①を入れ，強火で軟らかくなるまで蒸す．

3 取り出して熱いうちに裏ごしして鍋に入れ，砂糖，バター，卵黄，生クリームを合わせて混ぜる．

4 弱火で練り，火を止め，バニラエッセンス，ラム酒，好みでシナモンを加える．

5 オーブン皿にクッキングシートをしき，④を4等分にし，ラップフィルムで包み木の葉型に形を整える．表面に卵黄を塗り，黒ごまをのせ200℃に予熱したオーブンで8分焼く．

＊アルミホイルケースなどに絞り出してもよい．

 ### 調理の Science ポイント

・さつまいもは丸のまま蒸すと時間がかかるが，内部の温度上昇が緩やかになり，マルトースが多く生成され甘味が増す．

・じゃがいもと同様，熱いうちに裏ごしする（p.54 参照）．

・ビタミンCを多く含み，また，さつまいものビタミンCはでんぷんに包まれているので加熱による損失は比較的少ない．

きんとん

調理時間 30分	⚖️	137 kcal
	た	0.8 g
	脂	0.1 g
	食塩相当量	0 g

［材料（1個分）］
さつまいも・・・・・・・・・・・・・・ 50 g
クチナシの実・・・・・・・・・・・・・ 少々
砂糖・・・・・・・・・・・・・・・・・ 12 g
くり甘露煮・・・・・・・・・・・・・ 1/2 個

［作り方］

1. さつまいもは皮をむき，2 cm の輪切りにして水にさらし，水気を取る.

2. ①をクチナシの実（割ってガーゼに包む）を入れた水に浸ける.

3. くりは刻んでおく.

4. ②を漬け汁ごと鍋に入れて火にかける.

5. 軟らかくなれば取り出し，熱いうちに裏ごしし，鍋に戻して砂糖を加え弱火で練る.

6. 生地に③のくりを入れて 4 等分し，ラップフィルムに包み茶巾絞りにする.

7. 器に盛りつける.

＊「茶巾絞り」とは，あん状のものをふきんやラップフィルムに包んで，口をねじりながら絞り目をつけて形を整えたものである.

調理の Science ポイント

- きんとん（金団）はおせち料理に用いられる. さつまいもをクチナシで着色し，黄金色に輝く財宝にたとえ，商売繁盛・金運・財運をもたらし豊かな1年を願ったものである.

- クチナシの実に含まれるカロテノイド色素クロシンの作用で鮮やかな黄色に仕上がる.

- さつまいもを切ると切り口からヤラピンという乳白色の粘りのある液が出て，空気に触れると黒く変色する. また皮の部分に多く含まれるクロロゲン酸がポリフェノールオキシダーゼと反応し，切り口が褐変する. 色よく仕上げるためには厚めに皮をむき，切ったあとは水に浸けておく.

- さつまいもは煮崩れしやすいので，ミョウバン水を用いてペクチンが溶け出すのを防ぎ，煮崩れを防止する場合もある.

- ミョウバンとよばれているのは，アルミニウムの硫酸塩とカリウム塩が結合した硫酸カリウムアルミニウムのことである. ミョウバンを 200℃に加熱して結晶水を除いたものを，焼きミョウバンという.

7 { 里いもをおいしく調理する }

vegetables potatoes -

里いもの主成分はでんぷんです．粘質物はガラクタンを主体とする糖たんぱく質ムチンで，皮をむき，塩もみするか下ゆでして用います．ゆで水に，塩，酢を加えると粘質物が溶け出しにくくなります．生のさといもの表面にはシュウ酸カルシウムが多く，針状の結晶をしていて，手に触れるとかゆくなることがあります．

次にここでは，煮物を作る際に必要な調味料と味の相互作用について述べます．

煮物の調味料「さしすせそ」

一般的に煮物の加熱調理では，調味料を「さ，し，す，せ，そ」すなわち「砂糖，塩，酢，しょうゆ，みそ」の順に入れるとよいとされています．砂糖は分子量が大きく，中心まで浸透しにくいため，塩と同時に入れると分子量の小さい塩の方が先に浸透してしまい，砂糖の浸透が悪くなるために先に加えます．また酢，しょうゆ，みそは揮発性成分を多く含むので，加熱の最終段階で加え，風味を損なわないようにします．

この順序は根菜など組織が硬く軟化させるのに加熱時間がかかる，味を含ませにくい，色が変化しない食品の調理に向いています．青菜などの緑黄色野菜は，調味料を合わせ，短時間で加熱し緑色を保ちます．

味の相互作用

調理は1種類の味だけで調味することが少なく，数種類の呈味物質が混ざり合い互いに作用し，味は変化します．

長いもとえびのグラタン

[材料（2人分）]
```
えび・・・・・・・・・・・・・・80 g（4尾）
たまねぎ・・・・・・・・・・・・・・・100 g
ベーコン・・・・・・・・・・・・・・・・20 g
しめじ・・・・・・・・・・・・・・・・・30 g
ブロッコリー・・・・・・・・・・・・・・40 g
塩・こしょう・・・・・・・・・・・・・各少々
バター・・・・・・・・・・・・・・・・・・4 g
溶けるチーズ・・・・・・・・・・・・・・25 g
＊長いもソース
 長いも・・・・・・・・・・・・・・・200 g
 卵黄・・・・・・・・・・・・・・・・・1個
 豆乳・・・・・・・・・・・・・・・100 ml
 だし・・・・・・・・・・・・・・・・30 ml
 淡口しょうゆ・・・・・・・・・・・・・9 g
 塩・こしょう・・・・・・・・・・・・各少々
```

[作り方]
1 えびは殻をむき，背わたを取る．

2 たまねぎはうす切りにする．ベーコンは1 cm幅に切る．しめじは石づきを取りほぐす．

3 ブロッコリーは小房に分け，熱湯で塩ゆでする

4 長いもはすりおろし，ボウルに入れる．

5 ④に卵黄を入れて混ぜ，豆乳，だし，淡口しょうゆ，塩，こしょうで味をつける．

6 フライパンにバターを溶かし①，②を炒め塩，こしょうで味をつける．

7 ⑥を⑤に入れて混ぜ，グラタン皿に入れ，ブロッコリー，チーズをのせて210℃のオーブンで12分焼く．

里いもの煮物

調理時間 30分	㋑	81 kcal
	た	1.7 g
	脂	0.1 g
	食塩相当量	1.2 g

材料（1人分）

里いも（正味）	80 g
ゆず	適量
＊煮汁	
だし	70 ml
砂糖	5 g
みりん	5 g
塩	0.5 g
淡口しょうゆ	4 g

〔作り方〕

1. 里いもは上下を切り，皮をむく（大きければ半分に切る）．
2. ゆずは白いわたの部分を切り，黄色の部分をせん切りにする．
3. 鍋に熱湯を沸かし，①をさっとゆでざるに上げ，水洗いしぬめりを取る．
4. 鍋にだし，③を入れ沸騰すれば砂糖，みりんを加えて煮る．
5. 途中，塩，淡口しょうゆを入れて弱火で煮る．
6. 火を止めて味を含ませ，器に盛りつけ②をのせる．

調理の Science ポイント

・加熱により粘質物ガラクタンが煮汁に溶け，粘度が高くなり吹きこぼれの原因となる．調味料も浸透しにくい為，塩もみしてから水で洗う，または一度下ゆでし水洗いしてから用いるとよい（ゆでこぼす）．

・加熱により表面のでんぷんを糊化させて，煮汁への粘質物の流出を防ぐ．

第4章
卵料理の
サイエンス

egg

1 {卵の新鮮さを見分けよう}

egg -

食用として流通している卵は鶏卵，うずら卵，あひる卵などで，もっとも一般的に利用されているのは鶏卵です．すぐれたアミノ酸組成をもつ良質たんぱく質を含み，脂質，ビタミンC以外のビタミン類，鉄，リンなどを含んだ栄養価の高い食品です．また供給が安定していて安価で保存性が高く，調理法も幅広いことから多くの調理に利用されています．

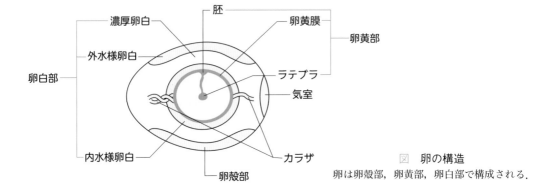

図 卵の構造
卵は卵殻部，卵黄部，卵白部で構成される．

鶏卵の構成

鶏卵は卵殻部，卵白部，卵黄部から構成され，それぞれの重量比は卵殻部（約10％），卵白部（約60％），卵黄部（約30％）です．

○卵殻部
主成分は炭酸カルシウムで，内部に卵殻膜があり，微生物の侵入を防いでいます．

○卵白部
おもな成分は，約90％の水分とたんぱく質で，外水様卵白，濃厚卵白，内水様卵白で構成されています．新鮮卵では濃厚卵白の割合が約60％で，時間が経つと濃厚卵白の水様化が起こります．

○卵黄部
約50％の水分と脂質（34％）とたんぱく質（17％）で構成されています．

新鮮な卵

古い卵

図 新鮮な卵の見分け方
卵を割ったときの新鮮な卵と古い卵を示す．鮮度が低下するほど卵黄に高さがなくなり，横に広がる．卵の鮮度を判定するには，平板上に卵黄を割ったときの卵黄の高さを卵黄の直径で割った値（卵黄係数）で表す方法がある．鮮度が低下すると値が小さくなり，新鮮卵は0.41〜0.45で，鮮度が低下すると0.25以下になる．

Recipe

目玉焼き

調理時間 5分	エ	112 kcal
	た	6.2 g
	脂	9.2 g
	食塩相当量	0.6 g

材料（1人分）

卵・・・・・・・・・・・・・・・・ 50 g（1 個）
サラダ油・・・・・・・・・・・・・・ 4 g

＊調味料
塩（卵の0.8%）・・・・・・・・・・ 0.4 g
こしょう ・・・・・・・・・・・・ 少々

〔作り方〕

1　フライパンを温め，サラダ油を入れ卵を静かに割り入れる．

2　弱火にし塩，こしょうし，好みの硬さになるまで焼く．

3　器に盛りつける．

＊卵黄の表面を白く仕上げたいときは蓋をして焼く．

調理の Science ポイント

・新鮮な卵は割ると卵白，卵黄とも盛り上がるが，古くなると濃厚卵白が水様化し，水様卵白に変わり，コシがなくなり大きく外に広がる．また卵黄も卵黄膜の強度が下がり，高さを維持できなくなり，割ると広がり割れやすくなる．

・保存している間に二酸化炭素が卵殻の穴（気孔）から抜けてpHが上昇し，卵白がアルカリ性に変化する．

・新鮮な卵は卵黄がカラザにより卵の中心に固定されているが，鮮度が落ちるとカラザの保持力が弱まり，卵黄を中心に保持できなくなる．

卵の熱凝固性

2 { 卵白と卵黄の違い }

egg -

卵白と卵黄は異なるたんぱく質から構成されているため，凝固温度が異なります．卵白の凝固開始温度は60℃で，80℃以上で完全に凝固します．卵黄は65℃前後で凝固がはじまり，70℃で完全に凝固します．

卵白のたんぱく質の約半分を占める（54%）オボアルブミンは，熱凝固性に関与しています．ほかにオボグロブリン（約10%）が泡立ち性に関与しています．オボトランスフェリンは鉄結合性，オボムコイドは熱安定性，オボムチンは泡立ちの安定性，リゾチームには抗菌作用があります．

卵黄の脂質は中性脂肪（トリアシルグリセロール）が65%，リン脂質35%，コレステロール5%で，リン脂質のほとんどはレシチンで乳化性があります

	凝固開始温度		完全凝固温度
卵白	60℃	→	80℃
卵黄	65℃前後	→	70℃

図　卵黄と卵白の凝固温度

表　鶏卵のおもな成分（可食部100gあたり）

	エネルギー（kcal）	水分（g）	たんぱく質（g）	脂質（g）	カルシウム（mg）	鉄（mg）	コレステロール（mg）	食塩相当量（mg）
全卵	151	76.1	12.3	10.3	51	1.8	420	0.4
卵白	47	88.4	10.5	Tr	6	0.0	1	0.5
卵黄	387	48.2	16.5	33.5	150	6	1400	0.1

Tr：微量　　　　　　　　　　　　　　　参考：日本食品標準成分表2015年度版（七訂）．

ひとくちメモ：ゆで時間の目安

※「ゆで卵」，次ページも参照

- 沸騰してから5分……半熟卵
- 沸騰してから12分……固ゆで卵

沸騰してから15分以上ゆでると，卵白から発生した硫化水素と卵黄の鉄分が結びついて，硫化鉄が生成され卵黄の表面が暗緑色になる．ゆで上がった卵は冷水にとり，過加熱を防ぐと硫化水素の発生が抑えられ変色しにくくなる．冷水で外側を冷やすと，中からの熱い蒸気が殻との間で水分になり，卵との密着を防ぎ，殻がむきやすくなる．

卵黄の色の変化
右が緑変した卵黄．

ゆで卵
（半熟卵，固ゆで卵）

調理時間 20分

エ		51 kcal
た		0.9 g
脂		3.6 g
食塩相当量		0.6 g

左から 5 分，12 分，20 分ゆでた卵

［材料（1 人分）］
卵・・・・・・・・・・・・・・・・・・・・ 50 g（1 個）
水・・・・・・・・・・・・・・・・・・・ 適量

［作り方］

1　鍋に卵がかぶるくらいの水と，卵を入れて火にかける．途中，菜箸などでかき混ぜながら加熱する．

2　沸騰すれば火を弱めて，半熟卵は 5 分，固ゆで卵は 12 分加熱する．

　　5 分加熱する　⇒ 卵黄は半熟，卵白は凝固する．

　　12 分加熱する　⇒ 卵黄，卵白とも凝固

3　水にとり，粗熱を取り殻をむく．

 調理の Science ポイント

・沸騰水から急激に加熱すると，沸騰水と卵の温度差が大きく，ひび割れが起こりやすいため，水から加熱する．

・沸騰するまで箸などで転がしながら加熱すると，卵黄の位置が中心になる．

・湯に食塩や酢を入れておくと，たんぱく質の熱凝固が進み，卵白がひび割れた場合，殻の表面で固まり，流れ出るのを防ぐことができる．沸騰後は火を弱めて加熱する．

 温泉卵

調理時間 20分

エ	91 kcal
た	6.5 g
脂	5.2 g
食塩相当量	1 g

第4章 卵料理のサイエンス

材料（1人分）

卵・・・・・・・・・・・・・・50 g（1個）
木の芽・・・・・・・・・・・・・1枚

＊だし
┊ みりん ・・・・・・・・・・・・5 g
┊ 淡口しょうゆ ・・・・・・・・・5 g
┊ だし汁 ・・・・・・・・・・・20 ml

〔作り方〕

1 圧手の鍋に，卵が浸かるくらいの湯を70〜75℃に温める.
　＊火からおろしても温度が下がりにくい，厚手の鍋を使用する.

2 ①を火からおろし，卵を入れて蓋をして12分おく.

3 小鍋にみりんをを入れて煮切る.「煮切り」はみりんや酒を煮立てて，アルコール分を燃やし揮発させて除くために行う. しょうゆ，だしを入れて沸騰させ，冷ましておく.

4 器に②の卵を割り，木の芽をのせ③のだしを注ぐ.

 調理の **Science** ポイント

・「作り方」とは異なる方法を紹介する. 卵黄と卵白の凝固温度の差を利用し，65〜70℃の湯に20〜30分保つと，卵黄はほぼ固まり，卵白は軟らかく流動性のある温泉卵ができる.

【温泉卵の応用レシピ】
サラダのトッピングに使用する. 吸い物の椀種にする. など.

66

ポーチドエッグ（落とし卵）

調理時間 15分

㊍		84 kcal
た		6.5 g
脂		5.2 g
食塩相当量		1 g

材料（1人分）

卵・・・・・・・・・・・・・・50 g（1個）
サニーレタス・・・・・・・・・・・25 g
ミニトマト・・・・・・・・・・・・1個

＊ゆで汁
水・・・・・・・・・・・・・・400 ml
塩（水の1％）・・・・・・・・・・4 g
酢（水の3％）・・・・・・・・・・12 g
＊調味料
塩・・・・・・・・・・・・・・・少々
黒こしょう・・・・・・・・・・・少々

［作り方］

1 卵は小さい器に割っておく.

2 小鍋に水を入れ火にかけ, 塩, 酢を入れる.

3 沸騰すれば, 火を弱め（90〜95℃）, ①を静かに落とし入れ, 卵白が卵黄を包むように箸などで形を整える.

4 卵黄が半熟になれば穴じゃくしで取り出し, 水にとり粗熱が取れれば水気を切る.

5 サニーレタスはちぎっておく. ミニトマトは4等分に切る.

6 器に⑤を盛りつけ④をのせ, 塩, 黒こしょうを振る.

調理の Science ポイント

・ポーチドエッグは, 卵を割り, 湯に入れて半熟状に加熱したもの. 湯に食塩 1％, 食酢 3％ を加えると, たんぱく質が熱凝固しやすい.

・新鮮な卵は, 濃厚卵白がしっかりと弾力を保っているため広がりにくく, 形よくまとめることができる. 古くなると, 濃厚卵白が弾力を失って広がりうまくまとまらない.

・火加減が強いと卵がうまくまとまらない.

・約3〜5分で半熟状になる. 硬さは好みで調整する.

ポーチドエッグの作り方

【ポーチドエッグの応用レシピ】

トーストしたパンにのせる, またはサラダ（たとえば, 上記写真）や吸い物など.

卵の希釈性，乳化性，起泡性

3 { 卵をおいしく調理する }

egg --

卵はだしや牛乳などと合わせ，必要な濃度に希釈し加熱するとゲル化します．ゲル化には卵の濃度，希釈液の種類や割合，調味料などが影響します．

希釈割合の低い卵料理にはスクランブルエッグ，オムレツ，だし巻き卵などがあります．熱したフライパンや卵焼き器で短時間加熱し，卵を凝固させます．加熱時間が長くなると水分が蒸発し，卵が硬くなります．

希釈濃度の高い卵料理には卵豆腐，カスタードプリン，茶碗蒸しなどがあり，すだちがなく，なめらかなゲルになるように蒸します（「すだち」については p.73，75 を参照）．蒸す調理では，水を沸騰させて発生する水蒸気の潜熱（水

蒸気が水に変わるときに発生する凝縮熱）が食品に伝わり熱を通します．均一に加熱でき，食品自体が動かないため，煮崩れがしにくい，またうま味や水溶性ビタミンなどの栄養成分を逃がさず，水がある限り，焦がさず調理できます．

調理中は調味ができないので，加熱前か加熱後に調味します．生の卵は流動性があるので，容器に入れて蒸します．

卵黄の乳化性

本来水と油は混じり合わず分離します．乳化剤があると，水と油が分散してエマルションが形成されます．これを応用したものがマヨネーズやバターなどです．

卵黄には乳化性があり，これは卵黄に含まれるレシチンによるものです．その性質を利用してマヨネーズが作られます（右図参照）．

卵白の起泡性

卵のたんぱく質は強く混ぜると表面張力の作用で変性し，空気を包み込み，容積が大きくなります．卵白，卵黄ともに起泡性がありますが，卵白の方がより起泡性が高くなります．卵白の

表　卵と希釈液の割合

料理名	卵と希釈液の割合	希釈液
スクランブルエッグ	1：0.3	牛乳
オムレツ	1：0.3	牛乳
だし巻き卵	1：0.3	だし汁
卵豆腐	1：1	だし汁
茶わん蒸し	1：3~4	だし汁
カスタードプリン	1：2~3	牛乳

表　添加物の卵のゲル化への影響

添加物	添加物の影響
塩類	牛乳やだしで希釈すると，水で希釈するよりゲルが硬くなる．これは牛乳やだしに含まれるカルシウムイオン，ナトリウムイオンがゲル化を促進するためである 塩は卵の凝固温度を高めゲルを硬くする
酸	熱凝固を促進する．ポーチドエッグでは 3% の酢を入れる
砂糖	凝固温度を高め，熱凝固を抑制する ゲルを軟らかくし，なめらかなゲルになる（すだちはできにくい）

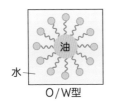

O/W型

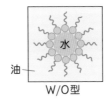

W/O型

エマルション

水中油滴型エマルション（O/W 型）： 水の中に油が分散している状態	油中水滴型エマルション（W/O 型）： 油の中に水が分散している状態
牛乳 生クリーム マヨネーズ	バター マーガリン

起泡性に影響する要因として鮮度，温度，添加物などがあげられます．

○ 鮮度

古い卵：水様卵白の割合が多いと粘性が低く泡立ちやすく，安定性は低くなります．

新しい卵：濃厚卵白の割合が多いと粘性が高く泡立ちにくく，安定性は高くなります．

○ 温度

卵白の温度が高いと（30 ～ 40℃）起泡性が大きく，40℃以上になると粘度が低下し安定性が低下します．一方低温では（10 ～ 15℃）粘度が高く泡立ちにくいのですが，安定性は高くなります．

○ 添加物

砂糖：砂糖を加えると起泡性が低下しますが，安定性は高くなります．はじめから砂糖を加えると粘性が高くなり泡立ちにくいので，ある程度，起泡してから砂糖を加えます．

油脂：卵白を泡立てるときに少量の油脂が入ると起泡性が阻害されます．これは，油脂が卵液の泡の膜につき膜を破壊するためです．また卵白に卵黄が少しでも混入すると，起泡性や安定性が低下します．これも卵黄に含まれる脂肪の影響によるものです．用いる器具類に油脂が付着しないよう，また割卵時に卵黄が混入しないようにします．

○ pH による影響

卵白はアルカリ性ですが，レモン汁など酸の添加で pH を弱酸性にすると，卵白の等電点（pH5）付近に近づき，泡立ちやすく安定性が高くなります．多く加えると酸味がつき，泡が粗くなります．

等電点とは，アミノ酸やたんぱく質などの両性電解液（酸とアルカリの両方の性質をもつ）で溶液の水素イオン濃度（pH）を変化させたとき，正と負の電荷が0になる pH のことです．等電点ではたんぱく質は不安定になり，凝集しやすくなります．

○ 卵の吸着性，粘着性，付着性

牛すね肉などからブイヨンを作るときに卵白を加えて加熱すると，卵白がスープのあくを吸着し，熱凝固して浮き上がります．こすと澄んだスープを作ることができます．

また卵液は，ハンバーグや肉団子などのひき肉料理やすり身など，複数の材料のつなぎの役割をします．フライなどの衣の卵液は，小麦粉とパン粉をつなぐ付着性を利用したものです．

Recipe ┃スクランブルエッグ┃

調理時間 10分

エ	115 kcal
た	6.8 g
幅	9 g
食塩相当量	0.8 g

材料（1人分）

卵・・・・・・・・・・・・50 g（1個）
バター・・・・・・・・・・・・・・4 g
パセリ・・・・・・・・・・・・・・少々
マフィン（栄養計算に含まれない）・・・・1個

＊調味料
塩（卵の1%）・・・・・・・・・・・0.5 g
こしょう・・・・・・・・・・・・・少々
牛乳・・・・・・・・・・・・・15 ml

 調理の **Science** ポイント

・色をつけず加熱するには湯せんで行う．熱が急激に伝わらないため焦げる心配がない．湯せんとは，鍋に湯を入れ，卵など材料を入れたボウルをつけて間接的に火を通すことである．

〔作り方〕

1 ボウルに卵を入れて割りほぐし，塩，こしょう，牛乳を加えて混ぜる．

2 フライパンを温め，バターを入れ①を一気に流し込む．

3 弱火にし，へらなどで大きくかき混ぜる．

＊好みの硬さになれば火を止める（余熱で火が通るので早めに盛りつける）．
＊マフィンの上にのせ，ちぎったパセリを振る．
＊スクランブルはかき混ぜるという意味．
＊牛乳の代わりにブイヨンや生クリームを加えてもよい．

オムレツ

調理時間 10分	エ 236 kcal
	た 12.6 g
	脂 17.5 g
	食塩相当量 1.8 g

材料（1個分）

卵・・・・・・・・・・・・・・・100 g（2個）
サラダ油・・・・・・・・・・・・・・・4 g
バター・・・・・・・・・・・・・・・・4 g
トマトケチャップ・・・・・・・・・・・15 g
パセリ・・・・・・・・・・・・・・・・適量

＊調味料
牛乳（またはブイヨン）・・・・・・・・30 ml
塩・・・・・・・・・・・・・・・・・0.8 g
こしょう・・・・・・・・・・・・・・少々

〔作り方〕

1　ボウルに卵を入れて割りほぐし，調味料を加えて混ぜる．

2　フライパンを温め，サラダ油，バターを入れ溶かし，①を一気に流し込む．

3　菜箸でスクランブル状にかき混ぜ，半熟になればフライパンの手前を上げて，卵を向こう側に寄せて木の葉型に形を整える．．

4　フライパンの柄を叩き，卵を回転させる．

5　卵のつなぎ目が上になれば，ひっくり返して器に盛り，トマトケチャップをかけ，パセリを添える．

＊オムレツには，直径約20 cmのフライパンが適する．

調理の Science ポイント

・古い卵は水様卵白の割合が多く，弾力がないのでできるだけ新鮮な卵を使って調理する．

・混ぜて時間をおくと，コシがなくなるので加熱する直前に混ぜる．

・火加減は中火くらいにする．強火にすると，きめが粗くなり表面がきれいに焼き上がらず，弱火にすると加熱時間が長くなり，水分が蒸発し硬くなる．

【オムレツの応用レシピ】

・卵に加熱したハム，ベーコン，マッシュルーム，たまねぎ，ピーマン，チーズなどを混ぜて焼いてもよい．

・数個の卵を溶きほぐし，炒めたたまねぎやゆでたじゃがいも，ベーコンなどを入れ，大きく焼き上げるとスペイン風オムレツができる．

Recipe

だし巻き卵

調理時間 15分

㋐	106 kcal
㋖	6.6 g
脂	7.2 g
食塩相当量	1.2 g

材料（1人分） ＊写真は卵3個分を焼いて切り分けたもの
卵・・・・・・・・・・・・・・・・・・50 g（1 個）
サラダ油・・・・・・・・・・・・・・・・・・2 g
だいこん・・・・・・・・・・・・・・・・・25 g
しょうゆ・・・・・・・・・・・・・・・・・・3 g

＊卵調味料
だし（卵の30％くらいがよい）・・・・・・　15 ml
塩（卵＋だし汁の0.8％）・・・・・・・・・0.5 g
淡口しょうゆ（卵＋だし汁の0.8％）・・・0.5 g
みりん（卵＋だし汁の3％）・・・・・・・・2 g

〔作り方〕

1　ボウルに卵を割りほぐし，調味料を加えて混ぜる．

2　卵焼き器を温め，サラダ油を入れてなじませ余分な油をふき取る．

3　卵液を一滴②に入れ，ジュッと音がすれば卵液の1/3量を入れて全面に流し，表面が半分くらい固まれば端から巻く．

4　焼けた卵を向こう端に寄せ，サラダ油を塗り，卵液を流し，巻いた卵を持ち上げ，下に卵液を流して焼く．

5　半分くらい固まれば端から巻き，同じ作業を繰り返し，焼ければ，熱いうちに巻きすにとって形を整える．

6　卵を取り出し切り分ける．

7　だいこんはすりおろし，水気を切る．

8　器に⑥を盛りつけ，だいこんおろしを添え，しょうゆをかける．

調理の Science ポイント

・卵は泡立てると卵のコシがなくなるので，菜箸で混ぜる．

・焼くときの油は少量にする．油が多いと卵液がすべり，卵がうまくつかない．

・また油が多いところがあるとその部分だけに焼き色がつき，ムラができてしまう．油は一度ふき取ってから，次の卵液を入れるようにする．

・火を通し過ぎて卵が乾くとくっつかなくなるので，半熟状で巻く．

【だし巻き卵の応用レシピ】
中心にうなぎのかば焼き（「う巻き」）やゆでた野菜を巻くなど．また卵に青ねぎなどを混ぜてもよい．

茶わん蒸し

調理時間 30分	⑤エ	96 kcal
	⑥た	8.5 g
	⑦輔	3.7 g
	食塩相当量	1.2 g

材料（1個分）

卵・・・・・・・	25 g	＊調味料
鶏ムネ肉・・・・	15 g	だし ・・・ 75 ml
塩, 酒・・・・・	少々	（卵の重量の3倍）
（鶏ムネ肉の下味）		塩 ・・・・ 0.6 g
ゆりね・・・・・	8 g	（卵とだし汁の重量の0.6%）
ぎんなん・・ 4 g（2個）		淡口しょうゆ・・ 0.5 g
かまぼこ・・・・	10 g	（卵とだし汁の重量の0.5%）
しいたけ・・・・	10 g	みりん ・・・・ 2 g
みつば・・・・・	2 g	（卵とだし汁の重量の2%）
ゆず・・・・・・	少々	

［作り方］

1 鶏ムネ肉は1人分を2〜3切れに切り, 塩, 酒少々を振る.

2 ゆりねはほぐし, ぎんなんは外側の硬い鬼殻を割る. かまぼこはうす切りにする.

3 鍋に少量の湯を沸かし, ゆりね, ぎんなんをゆでる.

4 ゆりねはざるに上げ, ぎんなんは水にとり薄皮をむく.

5 しいたけは石づきを取り, 半分に切る. みつばは3 cm長さに切る. ゆずの皮をそぎ, 裏側の白い部分を取り, 松葉ゆずを作る.

松葉ゆず

6 ボウルに卵を割りほぐし, 調味料を加えて混ぜ, ざるでこす.

7 器に①, ④, ⑤のしいたけ, ②のかまぼこを入れ⑥を流し（卵の泡は取り除く）, 蒸気の上がった蒸し器に入れる.

8 蒸し器の蓋にふきんなどをかぶせ, 少しずらして強火で2〜3分加熱し, 表面の色が白っぽくなれば火を弱め85〜90℃で約15〜20分蒸す. 竹串を刺して出てくる汁が濁っていなければ, でき上がり.

9 蒸し器から取り出し, みつば, ⑤の松葉ゆずをのせる.

🧪 調理のScienceポイント

・蒸気の上がった蒸し器に入れ, 温度は85〜90℃以内を保つようにする.

・90℃以上になると, 卵の気泡に水蒸気が入り, 気泡が大きくなり, そのまま周りのたんぱく質が固まり, 「すだち」が起こる. 表面や内部に細かく穴が開いたような状態になり, 舌ざわりが悪くなる. 「すだち」を防ぐには温度の上昇をゆるやかにする, 蒸し器に紙蓋をする, 蒸し器の蓋をずらす, 弱火にするなど温度を調整しながら蒸す.

・最初の2〜3分は強火, そのあと弱火で蒸す. はじめから弱火で加熱すると時間がかかり, 卵のコシがなくなってしまう.

【茶わん蒸しの応用レシピ】

小田巻き蒸し：うどんを加えた茶わん蒸し.
空也蒸し：切った豆腐を加えた茶わん蒸し.
南禅寺蒸し：裏ごしした豆腐を混ぜた茶わん蒸し.

Recipe

ふようはい
芙蓉蟹
（かに玉）

	187 kcal
調理時間 25分	エ 12.2 g
	た脂 12.8 g
	食塩相当量 1.7 g

材料（1人分）

卵・・・・75 g（1.5個）
かに身・・・・・10 g
たけのこ・・・・6 g
干ししいたけ・・・1 g
青ねぎ・・・・・2 g
グリンピース（冷凍）・2 g
サラダ油（具材用）・1 g
サラダ油（卵用）・4 g
かたくり粉・・・2.5 g
水・・・・・2.5 ml
しょうが（絞り汁）

＊卵の調味料
　湯（スープ）・・15 ml
　塩・・・・・0.3 g
　淡口しょうゆ　0.5 g
　砂糖・・・・0.5 g

＊あんの調味料
　湯（スープ）・・50 ml
　しょうゆ・・・1.5 g
　塩・・・・・0.6 g
　こしょう・・・・少々

＊具の味つけ
　塩・こしょう・・・少々

［作り方］

1　かに身はほぐし軟骨は取り除いておく．干ししいたけは水で戻す．

2　たけのこは2 cm長さのせん切りにする．①のしいたけは石づきを取り，うす切りにする．

3　青ねぎは斜めに切る．しょうがはすりおろす．

4　フライパンにサラダ油を入れて②のしいたけ，たけのこ，青ねぎの白いところを炒め，塩，こしょうし取り出して冷ましておく．

5　ボウルに卵を溶きほぐし，調味料で味をつけ④を加

え混ぜる．

6　フライパンにサラダ油を入れて⑤を流し，菜箸で混ぜ半熟程度になれば丸く形を整え，かに身，青ねぎをのせる．

7　焼ければ裏返して両面焼き，取り出す．

8　鍋にあんの調味料を合わせて温め，グリンピースを入れ沸騰すれば水溶きかたくり粉でとろみをつけて火を止め，しょうがの絞り汁を加える．

9　器に⑦を盛りつけ，⑧をかけて仕上げる．

＊卵が白っぽく焼けた様子を，芙蓉の花にたとえて名前がついている．焼き色はあまりつけずに仕上げる．

＊卵の色をきれいに見せるため，しょうゆを少なくしたあんをかける．

＊半熟状で卵を丸くまとめる．また20 cmくらいのフライパンで4人分を作り，切り分けてもよい．

調理の Science ポイント

・生のかにの色は青い色をしている．これはアスタキサンチンがたんぱく質と結合しているためである．加熱によりたんぱく質と分離すると，アスタキサンチン本来の鮮赤色になる（p.26 参照）．

カスタードプリン

調理時間 30分

エ		136 kcal
た		5.1 g
脂		4.9 g
食塩相当量		0.2 g

材料（1個分）

＊プリン液
卵 ・・・・・・・・・・・・・・ 25 g（1/2個）
砂糖 ・・・・・・・・・・・・・・・・・ 10 g
牛乳 ・・・・・・・・・・・・・・・・・ 60 g
バニラエッセンス ・・・・・・・・・・ 少々
＊カラメルソース
砂糖 ・・・・・・・・・・・・・・・・・・ 5 g
水 ・・・・・・・・・・・・・・・・・ 5 ml
水（希釈用）・・・・・・・・・・・・・ 3 ml
バター（食塩不使用，プリン型に塗る）・・・・・ 少々

［作り方］

1 プリン型の内側にうすくバターを塗っておく．

2 カラメルソースの砂糖，水を入れて火にかけ褐色になれば（180～190℃），火を止め，水（希釈用）を加え①の型に流し，粗熱を取る．

3 鍋に牛乳と砂糖を入れ温め（70℃くらい）砂糖を溶かす．

4 ボウルに卵を入れて割りほぐし（泡立てない），③を少しずつ加えて混ぜこす．

5 バニラエッセンスを加え，②のプリン型に静かに流す（泡は取り除く）．

6 蒸気の上がった蒸し器に入れ，強火で2～3分加熱し，表面の色が白っぽくなれば火を弱め，85～90℃で約15分蒸す．

7 冷まして型から取り出し，器に盛りつける．

＊型から取り出すときは，型とプリンの間に串を回し入れ，取り出す．

調理の Science ポイント

・「茶碗蒸し」と同様，蒸気の上がった蒸し器に入れ，温度は85～90℃以内を保つようにする． 90℃以上で加熱を続けると「すだち」が起こる（p.73も参照）．

すだちの起こったプリン

・牛乳に含まれるカルシウムが卵のたんぱく質の凝固を促進し，ゲル強度を高める．

・砂糖の添加はゲルを軟らかくする．

・砂糖に水を加えて煮詰めると160℃以上で色づきカラメル化し，170～190℃になると茶褐色になりカラメルができる．器に流すと冷えて固まる．

・カラメルソースは卵液より比重が大きいので，卵液を入れても混ざらない．加熱すると卵液は凝固し，カラメルソースは熱によりゆるくなり，型から出すと流れる（p.55も参照）．

【プリンの応用レシピ】

・牛乳の一部を生クリームに変えると，よりしっとりと仕上がる．

・カットした食パンを器に並べプリン液を注ぎ焼くと，パンプディングができる．

Recipe

マヨネーズ（野菜添え）

調理時間 20分	エ	1003 kcal
	た	3.3 g
	脂	106.8 g
	食塩相当量	1 g

材料（1人分）

卵黄	1個
酢またはレモン汁	15 ml
塩	1 g
こしょう	少々
マスタード	少々
サラダ油	100 ml
きゅうり, パプリカ, セロリなど	適量

［作り方］

1 ボウルに卵黄, 塩, こしょう, マスタードを入れ泡立て器で白っぽくなるまで混ぜる.

2 ①に酢の半量を入れて混ぜる.

3 ②にサラダ油を少しずつ（はじめは１滴ずつ）混ぜながら加え, 白っぽくなれば, その都度加える. 油の量は徐々に増やす.

4 酢を加えて, 軟らかさを調整しながら混ぜる.

5 器に盛りつけ, スティック状の野菜を添える.

調理の Science ポイント

・新鮮な卵黄を使用する.

・酢と油は混ざりにくいが, 卵黄のレシチンが酢と油を結びつける乳化剤として働く.

・はじめに少量の油を加え, よく混ぜてから次の油を入れる. 加える油の量が多いと分離する. 少しずつ油の量を増やしていく.

・分離したときは卵黄を入れるか, 市販のマヨネーズを少量加えるとよい. ボウルごと温め, 強く撹拌してもよい.

・マヨネーズは少量の酢の中に大量の油が均一に分散し, 水中油滴型エマルション（O/W型エマルション）を形成している（p.69 参照）.

紅茶のシフォンケーキ

調理時間 60分

エ	1867 kcal
た	29.7 g
繊	114.7 g
食塩相当量	1.5 g

材料（18 cm シフォン型 1 台分）

牛乳・・・・・・80 ml	小麦粉・・・・・・70 g
紅茶葉(アールグレイ)	ベーキングパウダー 4 g
・・・・・・・2 g	卵白・・・・・・3 個
卵黄・・・・・60 g	砂糖・・・・・・70 g
砂糖・・・・・30 g	＊仕上げ
紅茶葉(アールグレイ, 刻む)	生クリーム 100 ml
・・・・・・4 g	砂糖・・・・・9 g
サラダ油・・・・50 g	ミント(葉)・・・適量

［作り方］

1 オーブンは 170℃ に予熱しておく.

2 鍋に牛乳を入れ, 沸騰直前まで温め, 紅茶の茶葉(2 g)を入れ, 蓋をして, 5 分間蒸らしてこす.

3 残りの茶葉(4 g)は, すり鉢かフードプロセッサーで細かく刻んでおく.

4 小麦粉とベーキングパウダーは合わせてふるっておく.

5 ボウルに卵黄を入れて混ぜ, 砂糖を加えよくすり混ぜる.

6 ⑤に③, サラダ油, ②を入れ混ぜる.

7 別のボウルに卵白を入れて泡立て, 砂糖を 2〜3 回に分けて加え, さらに泡立てる(メレンゲ).

8 ⑥に⑦の 1/3 を加え混ぜ, ④を加えさっくりと混ぜる.

9 残りのメレンゲを入れさっくりと混ぜ, 型に流し入れ, 170℃ で 40 分焼く.

10 焼ければ裏返して冷まし, 型から取り出す.

11 ボウルに生クリームと砂糖を入れ, ゆるく泡立てる.

12 シフォンケーキを切り分け, ⑪, ミントの葉を添える.

🧪 調理の Science ポイント ✋

・割卵時に, 卵黄が卵白に混入しないようにする(p.69 も参照).

・砂糖は泡を安定させるが, はじめから加えると粘性が高くなり泡立ちにくいので, 白っぽく泡立ってから数回に分けて加える.

・型に油は塗らない. 油を塗ったリシートをしくと, 生地が型につかず, 焼いている途中で型から外れ, すべり落ちてしまう.

・焼ければ, 型のまま逆さにして冷ますと生地が縮まない. 十分に冷めてから型から取り出す.

卵白泡立て(メレンゲ)行程

第5章
乳料理の
サイエンス

milk

良質なたんぱく質，カルシウムが豊富

1 { 牛乳に含まれる成分 }

milk -

牛乳の成分は，水分（約88％），たんぱく質（約3％），脂質（約3〜5％），糖質（約5％）で，必須アミノ酸など良質なたんぱく質とカルシウム，ビタミンが豊富に含まれています．

たんぱく質

牛乳中のおもなたんぱく質はカゼインと乳清たんぱく質（ホエー）に分けられます．たんぱく質の約80％はカゼインで，リン酸やカルシウムと結合してミセル（複合体）を形成し，牛乳中に溶け込まずコロイド粒子（小さな粒子）の状態で分散しています．カゼインは熱には比較的安定していますが，酸を加えると等電点（pH4.6）付近で沈殿します．このときの凝固物がカードで，上澄み液に含まれるたんぱく質が乳清たんぱく質です．乳清たんぱく質は，ラクトグロブリン，ラクトアルブミン，ラクトフェリンからなります．60〜65℃以上で熱変性し，脂肪球を吸着し浮き上がり，表面に皮膜ができます．

牛乳の皮膜（ラムゼン現象）

皮膜を防止するには，ゆっくり混ぜながら加熱します．加熱温度は65℃以下とし，過加熱をしないようにします．またバターを加え，牛乳の表面を覆い皮膜の形成を防ぎます．ホワイトソースやカスタードクリームなどでは，空気との接触面で皮膜が形成されます．これを防止するには，表面にバターなどの油脂を塗るか，表面をラップフィルムで覆い，直接空気と接触しないようにします．

脂質

牛乳に含まれる脂質は，表面がたんぱく質を主成分とする膜で覆われた脂肪球で，水中油滴型（O/W）エマルションを形成しています（p.69参照）．

糖質

牛乳に含まれる糖質の約99％が乳糖（ラクトース）で，牛乳の甘味はこの乳糖によるものです．乳糖は小腸でラクターゼ（乳糖分解酵素）により分解されますが，ラクターゼが不足すると乳糖が分解されず，腹痛，下痢などの症状を起こす場合があります（乳糖不耐症）．

ヨーグルトやチーズではすでに乳糖が一部分解されているので，乳糖不耐症はあまり見られません．

牛乳 ─ 酸 ┬─ カード …… カゼインおよび脂肪，脂溶性ビタミン類（A, D, E, K）
　　　　　　（凝固物）
　　　　　　└─ ホエー …… 乳清たんぱく質（ラクトアルブミン，ラクトグロブリン，ラクトフェリン），
　　　　　　　（乳清）　　　乳糖，ミネラル，水溶性ビタミン類（B_1, B_2, C）

図　酸添加による牛乳の凝固（水分は除く）

カッテージチーズ

調理時間 10分

㋔	172 kcal
た	8.3 g
脂	9.5 g
食塩相当量	0.3 g

※この分量，カッテージチーズ
のみで計算

材料（でき上がり 40 g 分）

牛乳・・・・・・・・・・・・・・・・・ 250 ml
レモン汁または酢・・・・・・・・・・ 15 ml
レタスなど・・・・・・・・・・・・・・ 適量
＊調味料
　塩・こしょう ・・・・・・・・・・ 少々

［作り方］

1 鍋に牛乳を入れ沸騰直前まで温め，火を止め，レモン汁を加えて混ぜる．

2 しばらくして水分と分離し，もろもろと豆腐のような状態に固まれば，ざるにペーパータオルをおいてこす．

3 器にレタスなどをしき，上に②をのせ塩，こしょうを振る．

＊そのままサラダ，サンドイッチ，洋菓子などに用いられる．

 調理の **Science** ポイント

・牛乳のたんぱく質であるカゼインが，レモン汁や酢などの酸によって凝固する．

・分離した水分は乳清（ホエー）である．

風味づけ，脱臭効果，アミノカルボニル反応を利用

2 {牛乳を使っておいしく調理する}

milk -

料理を白くする

牛乳には，カゼインのコロイド粒子や脂肪球が分散していて，これらの粒子に光が反射して全体が白く見えます．そのため牛乳を調理に用いると料理が白く仕上がります．この白色を利用した調理にブラマンジェ，ホワイトソースなどがあります．

なめらかな食感・風味

牛乳に分散した脂肪球がなめらかな食感，風味を与えます．
【調理例】シチュー，クリーム煮．

脱臭効果：生臭みを取る

加熱前に牛乳に浸すと，カゼインのコロイド粒子や脂肪球が生臭みを吸着し，取り除きます．
【調理例】鶏レバー，わかさぎ，青魚の下処理など．

レバーを牛乳に漬ける

アミノカルボニル反応（メイラード反応）：高温加熱による焼き色

牛乳を用いて菓子などを焼くと，砂糖や牛乳中に含まれる乳糖と牛乳に含まれるアミノ酸が加熱によりアミノカルボニル反応を起こし，褐色物質（メラノイジン）を生成し，焼き色がつきます．
【調理例】ホットケーキ，クレープの焼き色．

ゲル強度を高める

卵に牛乳を加え加熱すると，牛乳に含まれるカルシウムやその他の塩類が，たんぱく質の凝固を促進し，ゲル強度が高くなります．
【調理例】カスタードプリン．

酸による凝固

牛乳中の主要たんぱく質であるカゼインは，貝類や野菜，果物と一緒に加熱すると凝固することがあります．これは，貝類のコハク酸，野菜や果物のクエン酸，リンゴ酸など有機酸の影響により，pH がカゼインの等電点（pH4.6，p.80 参照）付近に近づくためです．

凝固を防ぐには，野菜などはあらかじめゆでて（煮て），有機酸を揮発させてから牛乳と合わせます．スープなどはルウで濃度をつけてから牛乳を入れる，また牛乳を最後に加え，加熱時間を短くします．カッテージチーズはレモン汁や酢などを合わせ，カゼインの酸による凝固を利用したものです．
【調理例】クラムチャウダー，いちごミルク，カッテージチーズ．

酸で分離する

じゃがいもの硬化

じゃがいもを牛乳で煮ると水煮よりも硬くなります（煮崩れしにくくなる）．これはじゃがいもに含まれるペクチンが牛乳のカルシウムと結合し，組織が硬くなり，軟化しにくくなるためです（ペクチンについては p.43 も参照）．

ブラマンジェ

調理時間
20分

㋞	127 kcal	
㋟	2.7 g	
㋠	3.1 g	
食塩相当量	0.1 g	

※1個分

材料（1個分）

コーンスターチ・・・・・・・・・・・ 6 g
砂糖・・・・・・・・・・・・・・・ 8 g
牛乳・・・・・・・・・・・・・・ 80 ml
バニラエッセンス・・・・・・・・・・ 少々
ミント（葉）・・・・・・・・・・・ 適量
＊いちごソース
いちご ・・・・・・・・・・・ 10 g
砂糖 ・・・・・・・・・・・・・3 g
キルシュワッサー ・・・・・・・・ 2 ml
（サクランボから作ったブランデー）

［作り方］

1 鍋にコーンスターチと砂糖を入れて混ぜ，牛乳を少しずつ加えてよく混ぜる．

2 ダマがなくなれば火にかけ，弱火で混ぜながら煮る（でんぷんを糊化させる）．

3 沸騰し，とろみがつけば火からおろし，バニラエッセンスを入れ粗熱を取る．水でぬらした型に流し入れ，氷水で冷やし固める．

4 いちごは粗く刻む．

5 鍋に④，砂糖を入れ火にかけ，沸騰すれば火を止め，キルシュワッサーを入れ香りをつける．

6 器に③のブラマンジェを盛りつけ，⑤をかけミントを添える．

＊ブラマンジェはフランス語で「白い食べ物」という意味．

調理の Science ポイント

・コーンスターチ（とうもろこしでんぷん）は糊化しても透明にならず白く仕上がり，加熱による粘度の低下が少なく安定している．

・糊化が十分でないと固まりにくいので，しっかりと加熱する．

生クリームの泡立てをマスターする

3 { 泡立てからバター粒の形成まで }

milk -

製菓などに欠かせないクリームの泡立てには，2種類のクリームが使用されます.

クリーム（乳脂肪）と植物性クリーム

クリームとは牛乳，生乳から乳脂肪以外の成分を除いたもので，一般に生クリームとよばれ，乳化剤，安定剤は添加されていません. よい風味がありますが，やや不安定です.

植物性クリームは，植物性油脂に脱脂粉乳，乳化剤，安定剤などが添加されています. 分離しにくく安定していて扱いやすいのですが，風味はクリームより劣ります.

生クリームの泡立て（写真参照）

生クリームは5℃前後に冷やし，氷水などで冷却しながら泡立てます. 抱き込まれた気泡のまわりにたんぱく質が集まり（たんぱく質の表面変性），そのまわりに脂肪球が集まります（脂肪球の凝集）. 脂肪球の凝集は5～10℃で最も起こりやすくなります. 温度が低いと，泡立ち時間が長くかかりますが，抱き込まれる空気の割合は多くなります. 逆に温度が高いと泡立ち時間は短くなり，抱き込まれる空気の割合は少なくなります. また，砂糖を加えると気泡が安定します.

激しく泡立てると熱が加わり温度が上昇するので，冷却しながら静かに泡立てます. 脂肪含量が多いほど泡が安定しますが，泡立てすぎると水溶性成分と脂溶性成分が分離して脂肪球の凝集が進み，脂肪の塊ができバター粒が形成されます（写真参照）.

バターの構造を知っておこう

バターは生クリームを強く撹拌し（チャーニング），脂肪球を集めて練り上げた（ワーキング，練圧ともいう）もので，この過程で水中油滴型エマルションのクリームが油中水滴型エマルションに逆転（転相）しバターになります. バターの種類をあげます.

- **非発酵バター** 日本で一般的.
- **有塩バター** ワーキングのときに食塩を2％添加. 調理，食卓用.
- **食塩不使用バター** ワーキングのときに食塩を添加しない. 調理，製菓，製パン.
- **発酵バター** ヨーロッパでは一般的. 乳酸菌による発酵を行う. 香りや風味がよい.

生クリームの泡立て
① クリーム（冷やしておく）
② 6分立て（泡立て器を上げると，トロトロと流れて落ちる）
③ 8分立て（角が立つ）
④ バター

Recipe

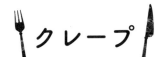 クレープ

調理時間 30分	⊞	296 kcal
	た	7.7 g
	脂	8.6 g
	食塩相当量	0.3 g

※クレープ2枚分

材料（直径 15 cm，8 枚分）

* クレープ生地
  - 薄力粉 ・・・ 80 g
  - 塩 ・・・・・・ 少々
  - 砂糖 ・・・・ 16 g
  - 卵 ・・ 100 g（2個）
  - 牛乳 ・・・ 250 ml
  - バター ・・・・ 8 g
    （食塩不使用）

* オレンジソース
  - 砂糖 ・・・・ 40 g
  - バター ・・・・ 8 g
    （食塩不使用）
  - オレンジ ・・・ 1個
  - オレンジジュース
    ・・・・ 300 ml
  - コアントロー・・ 15 ml
    （オレンジリキュール）
  - ミント（葉）・・・・適量

🧪 調理の **Science** ポイント

・生地は休ませることで（約 30 分），弾力が弱くなり
生地をのばしやすくなる．

・砂糖と牛乳中に含まれる乳糖，卵や薄力粉のアミノ
酸が加熱によりアミノカルボニル反応（メイラード反
応）を起こし焼き色がつく（p.15 参照）．

［作り方］

1 ボウルに，薄力粉，砂糖，塩を入れて混ぜ，真ん中
をくぼませ溶いた卵を少しずつ加える．

2 ①に牛乳を少しずつ加える．

3 フライパンでバターを溶かし，少し色づけば②に加え混ぜ
合わせ，約 30 分ねかせる．

4 ③のフライパンのバターをふき取り温め，③の生地を丸く
うすくのばし両面を焼く．

5 焼ければ取り出す．

＊クレープは「縮み」という意味．生地の焼けた表面が縮んだような
状態になることから，クレープと名前がつけられた．

＊オレンジソース以外にはちみつやジャム，生クリーム，アイスクリー
ム，カスタードクリーム，季節の果物などと合わせてもよい．

【オレンジソース】
① オレンジは房から実を出しておく．
② フライパンに砂糖を入れて溶かし，少し色づきカラメル状
になるまで加熱する．
③ ②にオレンジジュース，バターを加え弱火で軽く煮る．
④ ③に 4 つ折りにしたクレープを並べさっと煮る．
⑤ 火を止め，コアントローを入れ香りをつける．
⑥ 器に盛りつけ，オレンジの果肉，ミントの葉を添える．

可塑性，ショートニング性，クリーミング性とは？

4 { バターを使っておいしく調理する }

milk -

可塑性

バターは外部から加えられた力によって形を自由に変えることができる可塑性があり，13 〜 18℃で可塑性が高くなります．可塑性とは，物体に力を加えると変形し，力を取り除いてもそのまま形が残る性質のことです．

折り込みパイ生地は，生地中にバターがうすくのびて層を形成します．オーブンで焼くと薄力粉生地の間のバターが溶け，水分が蒸発し水蒸気になり膨張し，生地を押し上げ，層状に焼き上がります（p.121 参照）．

バターは溶けると可塑性を失ってしまうので，夏季は扱いに注意します．温度による変化を説明します．

28 〜 30℃：融解する．上澄みの油脂部分を澄ましバターといい，たんぱく質や糖分が除かれ加熱により色がつかない．

13 〜 18℃：可塑性が高く自由な形になる．

10℃以下：硬くなる．力を加えると砕ける．

【調理例】折り込みパイ生地，デニッシュ生地

ショートニング性

バターを練り込んで焼くと，もろく砕けやすく，さくさくとした食感を与える性質のことです．

薄力粉のでんぷん粒子やたんぱく質は油脂に包まれるため，多くの水を吸着できません．グルテンの網目構造が形成されにくくなるので，もろくサクサクとした軽い口あたりの食感になります．

【調理例】練りこみパイ生地，クッキー，ビスケット．

クリーミング性

バターを撹拌したときに細かい気泡を抱き込む性質のことです．生地をふんわり仕上げます．

【調理例】パウンドケーキ，クッキー．

油脂の種類と違い

調理に使う油脂は，植物性油脂，動物性油脂，加工油脂に分けられます．

<**植物性油脂**>不飽和脂肪酸の割合が多く，融点が低く常温で液体．

- **オリーブ油**　オリーブの果実から得られる油．オレイン酸を多く含みます．

- **ごま油**　ごまの種子から得られる油．リノール酸，オレイン酸を多く含みます．

- **サラダ油**　数種の油（大豆油,なたね油など）を混合した調合油．

<**動物性油脂**>飽和脂肪酸の割合が多く，融点が高く常温で固体．

- **ヘット**　牛の脂肪組織から得られる油脂．豚脂より飽和脂肪酸が多い．融点が高く，口の中に入れても溶けず舌ざわりが悪いため，冷たい料理には適しません（融点 40 〜 50℃）．

- **ラード**　豚の脂肪組織から得られる油脂．牛脂よりも融点が低いので，口の中に入れると溶ける．揚げ油，炒め物，ショートニング性があり菓子類にも利用されます（融点 34 〜 40℃）．

<**加工油脂**>

- **ショートニング**　精製した動植物油や硬化油に窒素ガスを練り合わせたもの．マーガリンとは異なり，水分がほとんど含まれていません（マーガリン 15%・ショートニング 0.5%）．ショートニング性，クリーミング性があり，製菓や製パンに用いられます．乳成分を含まず，香りや風味がありません．

- **マーガリン**　バターの代用品として作られました．精製した動植物油や硬化油に水，食塩などを添加して作られます．

Recipe

パウンドケーキ

調理時間 60分	㋑	1546 kcal
	㋫	19.2 g
	㋭	76.1 g
	食塩相当量	0.3 g

＊ケーキ1台分

材料（18 × 8 × 6 cm のパウンド型 1 台分）

バター（食塩不使用）・・・・・・・・・ 80 g
砂糖・・・・・・・・・・・・・・・ 80 g
卵・・・・・・・・・・・・・・・・ 80 g
薄力粉・・・・・・・・・・・・・・ 80 g
ドライフルーツ・・・・・・・・・・・ 60 g
（オレンジピール，レーズンなど合わせて）
ブランデー・・・・・・・・・・・・ 15 ml

［作り方］

1. ドライフルーツは粗く刻み，ブランデーを加えてなじませる（1 週間くらいおくと，よく味がなじむ）．

2. パウンド型にクッキングシートをしく．

3. オーブンは170℃に予熱しておく．

4. 薄力粉はふるっておく．バターは室温に戻しておく．

5. ボウルにバターを入れて混ぜ，砂糖を 2 ～ 3 回に分けて入れクリーム状になるまですり混ぜる．

6. ⑤に卵を少しずつ加えよく混ぜる．

7. ①のドライフルーツを加えて混ぜ，薄力粉を加え，練らないようにさっくり混ぜる．

8. ⑦を型に流し入れ，170℃のオーブンで約 35 ～ 40 分焼く．

9. 焼ければ型から取り出し冷ます（竹串を刺して，生の生地がついてこなければ焼き上がり）．

10. 切り分けて器に盛りつける．

＊バター，砂糖，卵，薄力粉をそれぞれ 1 ポンドずつ使って作ることから「パウンドケーキ」と名づけられた．

＊フランスでは「カトル・カール」といい，「4分の4」の意味である．バター，砂糖，卵，薄力粉の 4 つの材料を同量ずつ使うことに由来する．

調理の Science ポイント

・バターは白っぽくなるまで泡立て器でしっかりとすり混ぜる．ここで十分に空気を取り込むと，空気がオーブンの中で膨張し生地が膨らみ，ふんわり焼くことができる（クリーミング性）．

・卵は常温にしておく．冷蔵庫から出してすぐの冷たい卵を入れると，バターが冷え固まってしまい，もろもろに固まり，分離してしまう．薄力粉を少量加えると分離した水分を吸収し，なめらかになるが，グルテンが出て膨らみが悪くなる．

・ドライフルーツが下に沈まないようにするため，薄力粉の一部をまぶして生地に混ぜるとよい．

Recipe

シンレンスー
杏仁酥

調理時間 30分

		217 kcal
エ		
た		3.3 g
脂		12.2 g
食塩相当量		0.1 g

＊2枚分

材料（3個分）

ショートニング・・・・・・・・・・・13.5 g
砂糖・・・・・・・・・・・・・・・・・10 g
卵・・・・・・・・・・・・・・・・・・・6 g
薄力粉・・・・・・・・・・・・・・・・30 g
ベーキングパウダー・・・・・・・・・0.6 g
アーモンドスライス・・・・・・・・・・2 g
アーモンド・・・・・・・・・・・・1.5 粒
溶き卵（つや出し用）・・・・・・・・・・少々

調理の Science ポイント

・ショートニングにはショートニング性があり，もろく砕けやすく，サクサクとした食感を与える．またクリーミング性があり，空気を抱え込む性質がある．

・グルテン形成を抑えるため，薄力粉を加えてからは練らずさっくりと混ぜる．

［作り方］

1 薄力粉，ベーキングパウダーは合わせてふるっておく．

2 ボウルにショートニング，砂糖を入れすり混ぜる．

3 ②に卵を少しずつ加えて混ぜる．

4 ③に①，アーモンドスライスを加え，さっくり混ぜる．

5 生地がまとまれば，3等分して，丸めて平たくしてオーブン皿に並べ，卵を塗る．

6 半分に切ったアーモンドをのせ，180℃のオーブンで15分焼く．

第6章
米・小麦粉
豆料理の
サイエンス

rice flour beans

アミロースとアミロペクチンの割合

1 { 米の種類と成分を知っておこう }

rice flour beans -

食用米の種類は，短かく丸いジャポニカ種（日本型）と長細いインディカ種（インド型）に分けられます．

世界的にはインディカ種の生産量が多く，インドや中国，東南アジアなどで栽培されています．粘り気が少なく，パサパサした食感でピラフなどに適しています．ジャポニカ米は，日本やアメリカなどで栽培されていて，粘り気と適度な弾力があります．

米の炭水化物含量は精白米では78％で，その大部分がでんぷんです．でんぷんにはアミロース，アミロペクチンの2種類があり，このでんぷんの成分の割合からうるち米，もち米に分類されます．うるち米のでんぷんはアミロース約20％，アミロペクチン約80％で，もち米はアミロペクチン100％から構成されています．もち米はうるち米に比べて粘り気が強く，老化しにくい特徴をもっています．

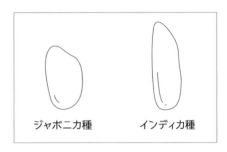

ジャポニカ種　　　インディカ種

でんぷんのほかに，たんぱく質6〜8％，脂質1％，食物繊維0.5％が含まれています．もみ殻を取り除いたものが玄米で，胚乳，ぬか層，胚芽から構成されています．ぬかを取り除くことを搗精（とうせい）といいます．搗精する割合により三分づき米，半つき米（五分づき米），七分づき米といい，ぬかと胚芽を除去したものを精白米といいます．ビタミンB$_1$は玄米のぬか層，胚芽に多く含まれていますが，搗精とともに少なくなります．

「ぬか層と胚芽」がだんだん取り除かれていく過程 →

胚芽
玄米
ぬか層
胚乳

三分づき
五分づき
七分づき

胚乳

もみから籾殻を
取り除いた
「ぬか層と胚芽」が
すべて残っている

玄米から
「ぬか層と胚芽」を
3割ほど取り除いた

玄米から
「ぬか層と胚芽」を
5割ほど取り除いた

玄米から
「ぬか層と胚芽」を
7割ほど取り除いた

玄米から
「ぬか層と胚芽」を
完全に取り除いた

歩留まり　100％　　　98％　　　95〜96％　　　93〜94％　　　90〜92％

図　精米の工程
歩留まりとは，もとの玄米重量に対する精米後の米の重量．

うるち米やもち米のほかに，胚芽精米，発芽玄米，無洗米などが販売されていて，低アミロース米などの新形質米も開発されています．

生のでんぷん（βでんぷん）に水を加え加熱すると，軟らかく消化のよい糊状のでんぷん（αでんぷん）に変化します．これをでんぷんの糊化（α化）といいます．α化したでんぷんを低温（0〜5℃）で放置すると硬くなり，これをでんぷんの老化（β化）といいます．冷えたご飯が硬くなるのも，でんぷんの老化によるものです．

表　新形質米の種類

低アミロース米	アミロースが10%前後しか含まれない．粘り気が強く冷めても硬くなりにくい． 弁当，おにぎりなど	ミルキークイーン，ミルキープリンセス，はなえまき，おぼろづき
高アミロース米	アミロースが25%以上含まれており，粘り気が弱く，冷めると硬くなる ピラフ，パエリア，ドライカレー，おかゆなど	ホシユタカ，夢十色，ホシニシキ，北陵207号
巨大胚芽米	通常の米に比べ胚芽を3倍以上に突然変異させたもの γ-アミノ酪酸（GABA）やビタミンEを多く含む	はいみのり（うるち米），里のめぐみ（うるち米），めばえもち（もち米）
黒米（紫黒米，古代米）	果皮と種皮にアントシアン系色素（ポリフェノール）を含む たんぱく質，ビタミB群，E，鉄，カルシウムなどを多く含む 炊飯すると米が紫色になる．多くはもち種	朝紫（もち米），おくのむらさき（うるち米）
赤米（古代米）	果皮と種皮にタンニン系色素を含み，炊飯すると紫色になる．もち種，うるち種がある たんぱく質，ビタミン，ミネラルを多く含む	紅衣（うるち米），紅染めもち（もち米）
発芽玄米	玄米を水に浸漬し発芽させ，γ-アミノ酪酸（GABA）を増加させたもの	
低アレルゲン米	米アレルギーのアレルゲンとされるたんぱく質を少なくする	
低たんぱく質米	腎臓疾患などの人向け．たんぱく質を除去する	
糖質低下効果のある米	糖尿病治療用	

米の調理特性

2 {米をおいしく調理する}

rice flour beans –

米をおいしく調理するために，まず炊飯の工程について説明します．炊飯は，洗米，吸水と浸漬，加熱の段階を経て進みます．

また白飯以外に，代表的な米料理である，粥，炊き込み飯，すし飯，ピラフ，炒飯（チャーハン）の調理について順に説明します．

炊飯

○洗米

米は洗い，米の表面に付着するごみやぬかを取り除きます．洗米後は急速に吸水するので，ぬかを含む水を吸水させないように最初に入れた水はすぐに流します．米は砕けやすく水溶性の栄養成分などが流出しやすいので，時間をかけず手早く数回水を取り替えます．この洗米の過程で米の重量の約10%の水を吸収します．

以前は米をこすり合わせ「とぐ」作業を行いましたが，米の精米技術が進んできたため，洗米はさっと洗う程度にします．

米の種類や品質，貯蔵期間などにより加水量を調整します．

新米：収穫後間もない新米は，水分含量が多いので加水量は少なめにします（米重量の約1.3倍）．

古米：保存期間が長く貯蔵中に米が乾燥し，水分含量が少ないため加水量は多めにします（米重量の約1.6倍）．

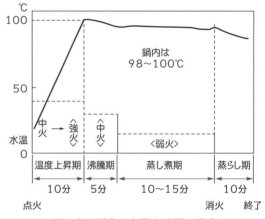

図　米の糊化に必要な時間と温度

○吸水と浸漬

米はあらかじめ水に浸漬し（約30分〜1時間），吸水させると米粒が膨潤し，加熱によりでんぷんの糊化が促進されます．吸水時間が足りないと米の中心が糊化されず，芯が残ってしまいます．水温が高い夏季は吸収が早いので浸漬時間は短く，逆に水温が低い冬季は吸水に時間がかかるため浸漬時間を長くとります．

うるち米，もち米の種類によって加水量が異なります．

○加熱

炊飯の過程は「温度上昇期」，「沸騰期」，「蒸し煮期」，「蒸らし期」の4段階に分かれます．米でんぷんの糊化には98℃以上，20分間の加熱が必要です．

表　米の加水量とでき上がり重量

	加水量	でき上がり重量
うるち米	米重量の1.5倍（米体積の1.2倍）	米重量の2.3倍
もち米	米重量の0.8〜1倍	米重量の1.6〜1.9倍

① **温度上昇期**：10分ほどで90～100℃まで温度を上昇させます．吸水，膨潤が進みます．60～65℃で，でんぷんの糊化がはじまります．

② **沸騰期**：ふきこぼれない程度の中火で5分，沸騰状態を保ちます．吸水，膨潤，でんぷんの糊化が進みます．水分が吸収されて少なくなり，米が動かなくなります．

③ **蒸し煮期**：98～100℃を保ち，弱火で15分加熱します（沸騰期と合わせて約20分）．米粒内部まで膨潤・糊化し粘り気が出てきます．蒸気の抜け口に穴があきます（「かに穴」と呼ばれます）．加熱終了前に10秒ほど強火にし，米粒の表面の水分を飛ばします．

④ **蒸らし期**：火を止めたあと10分ほど蓋をしたまま高温を保つようにすると，米粒表面の水分が吸収されます．そのあと蓋をあけて軽く混ぜ，余分な水分を蒸発させます．

粥

白米の炊飯より加水量を増やし，浸漬時間，加熱時間を長めにします．厚手の鍋に浸漬した米，水を入れて沸騰させ，弱火で米が軟らかくなるまで約40～50分加熱します．加熱途中，混ぜすぎると粘りが出るのであまり混ぜすぎないようにします．

表　粥の種類

	米容量に対する加水量	米（カップ）	水（カップ）
全粥	5倍	1	5
七分粥	7倍	1	7
五分粥	10倍	1	10
三分粥	20倍	1	20

炊き込み飯

米に材料と水（だし），調味料（塩，しょうゆ，酒，みりん）を加えて炊いた飯です．菜飯，たけのこご飯，えんどうご飯，山菜ご飯，くりご飯など季節の材料を用いて変化させます．炊き込み飯の塩分濃度はもとの米重量の約1～1.5％，飯の重量の約0.6～0.7％，加水量の約1％を目安とします．

すし飯

炊き上がったご飯に，合わせ酢を混ぜ合わせて味つけした飯です．炊飯時の加水量は合わせ酢を差し引き，米重量の1.2～1.4倍，米容量の1.1倍とし，白米を炊くときより少なく硬めに炊きます．蒸らし時間は普通飯より短めの5分程度とし，飯が熱いうちに合わせ酢を合わせ，粘り気が出ないように手早く混ぜます．全体に合わせ酢がいきわたれば，うちわなどで急速に冷却し，表面の水分を蒸発させると飯の表面が引きしまり，つやのあるすし飯ができます．

合わせ酢の基本割合は，米重量に対して酢10～15％，砂糖5～8％，塩1.5～2％です．

ピラフ

米を洗い，十分に水切りし，バターなどの油脂で炒め，熱いブイヨンを入れ炊飯したものです．白米を炊くときより加水量は少なく，硬めに炊きます．

加水量は米重量の1.3倍，油脂量は米重量の約6～7％を目安にします．

炒飯（チャーハン）

炊いた飯を油やラードで炒めたものです．ピラフと同様，白米を炊くときより加水量は少なく硬めに炊きます．鍋で炒め，飯の表面の水分を蒸発させ，油を吸収させます．粘り気を出さないように中火～強火で炒めます．

加水量は米重量の1.3倍，油脂量は米重量の7～10％が目安です．

Recipe

炊き込み飯

調理時間 60分			
※炊飯時間含める	エ		275 kcal
	た		7.8 g
	脂		3.4 g
	食塩相当量		1.1 g

材料（1人分）

米	・・・・・・・・・・・・・・・	60 g
鶏肉（モモ）	・・・・・・・・・	15 g
油揚げ	・・・・・・・・・・・	2 g
にんじん	・・・・・・・・・・	5 g
干ししいたけ	・・・・・・・	2 g
こんにゃく	・・・・・・・・	6 g
ごぼう	・・・・・・・・・・・	5 g
さやいんげん	・・・・・・・	5 g
＊調味料		
だし	・・・・・・・・・・・	80 ml
淡口しょうゆ	・・・・・・・	6 g
酒	・・・・・・・・・・・・・・	6 g

［作り方］

1　米は洗い，だしに30分以上浸漬する．

2　鶏肉は1 cm角に切る．油揚げは2 cm長さのせん切りにする．

3　にんじんは2 cmの短冊切り，干ししいたけは水で戻し，石づきを取り，うす切りにする．

4　こんにゃくはゆでて，2 cm長さの短冊切りにする．ごぼうは包丁の背で皮をこそげ，ささがきにして水にさらし，水気を切る．

5　さやいんげんは熱湯でゆでて水にとり，7 mm長さに切る．

6　①に淡口しょうゆ，酒を入れて混ぜ，②～④を加えて炊く．

7　炊き上がったら⑤を混ぜ，器に盛りつける．

調理の Science ポイント

・塩，しょうゆは米の吸水を妨げ，芯ができやすいので，水（だし）で浸漬させ，加熱直前に加える．しょうゆは底に沈殿すると焦げるので，炊飯前によく混ぜる．

・加水量は添加材料により加減する．きのこや野菜，貝類など水分を多く含む材料は，加水量を少なめに調整する．

・ごぼうやれんこんなどの褐変は，野菜に含まれるポリフェノール類が酵素ポリフェノールオキシダーゼにより酸化され，褐色色素メラニンを形成するためである．空気中の酸素と接触しないよう，水に浸して褐変を防止してから用いる（p.45 参照）．バナナ，りんごなどの果物の褐変も同様．

コラム：だしの種類

日本料理にかかせないだしは，昆布やかつお節，煮干しを用いて取り，汁物やみそ汁，煮物に利用されます．昆布とかつお節はうま味が出る温度帯が異なるので，時間差をつけて用います．昆布は水から沸騰直前までに取り出し，かつお節は魚の生臭みが出ないように沸騰した湯に入れます．

＜昆布＞
昆布の表面の白い粉マンニトールは甘味があり，だしの味になるので水洗いせずに用います．表面の汚れなどは乾いたふきんでふき取ります．

＜かつお節＞
かつおを煮熟し，いぶして乾燥させ，かび付けし，さらに乾燥させたもの．

＜煮干し＞
かたくちいわしの稚魚をゆでて天日で乾燥させたもの．光沢があるものを選びます．煮干しだしはコクがあるので，うどんや総菜の煮物のだしに用います．頭と内臓を取って使います．

頭あり　頭と内臓を取る

【混合だしの作り方】

① 鍋に水，昆布を入れて，30 分以上浸漬する．

② 加熱し，沸騰直前に昆布を取り出す．

③ 沸騰したところに，かつお節を加える．

④ 1 分間加熱後に火を止める．

⑤ かつお節が鍋底に沈んだら，静かにこす．

⑥ 混合だしのでき上がり．

表　だしの材料と調理法

種類	材料	使用料 汁に対する(%)	うま味成分	調理法	用途
かつお節 一番だし	水 かつお節	2〜4	イノシン酸	水を沸騰させ，かつお節を入れ弱火で約 1 分加熱．火を止め，かつお節が沈んだらかつお節を動かさないようこす	吸い物
かつお節 二番だし	水 一番だしのだしがら		イノシン酸	一番だしをとったあとのかつお節に一番だしの半量の水を加え，沸騰したら弱火で 3 分加熱し火を止める．かつお節が沈んだらこす．追いがつおをしてもよい	みそ汁 煮物
昆布だし	水 昆布	2〜4	グルタミン酸	鍋に水，昆布を入れ浸漬する（30 分以上）．弱火にかけ沸騰直前に昆布を取り出す（煮出し法）．水出しのみの場合もある（水だし法）	精進料理 すし飯 煮物，潮汁
混合だし	水 昆布 かつお節	1〜2 1〜2	グルタミン酸 イノシン酸	上記の煮出し法で取った昆布だしを沸騰させ，かつお節を入れ約 1 分加熱したら火を止める．かつお節が沈んだらこす	吸い物 あんかけ 茶わん蒸し など
煮干し だし	水 煮干し （頭，内臓を取る）	3	イノシン酸	下処理した煮干しを水に入れ加熱．3〜5 分沸騰させこす（途中あくを取る）	みそ汁
精進だし	水 干ししいたけ 昆布	3〜5 1〜2	グアニル酸 グルタミン酸	しいたけは水に浸しこす．「昆布だし」参照	精進料理

Recipe

巻きずし

調理時間 80分
※炊飯時間含む

エ	571 kcal
た	27.4 g
脂	8.2 g
食塩相当量	4.3 g

材料（2本分）

＊すし飯
- 米 ・・・・・ 180 g
- 水 ・・・・ 234 ml（米の重量の1.3倍）
- 昆布 ・・・・・ 1 g

＊合わせ酢
- 米酢 ・・・・ 27 g（米重量の15%）
- 砂糖 ・・・・・ 9 g（米重量の5%）
- 塩 ・・・・ 2.7 g（米重量の1.5%）

- 高野豆腐・・ 20 g（1枚）
- 干ししいたけ・・・ 8 g
- かんぴょう・・・・ 5 g

＊調味料A
- だし ・・・ 300 ml
- 砂糖 ・・・・ 20 g
- 塩 ・・・・・ 1.2 g
- 淡口しょうゆ ・ 6 g

＊調味料B
- 砂糖 ・・・・・ 2 g
- しょうゆ ・・・ 6 g

- 卵・・・・・・・ 50 g
- サラダ油・・・・・少々

＊卵の調味料
- 砂糖・塩 ・・・少々

- えび・・・ 150 g（6尾）

＊えびの下味
- 塩・酒 ・・・・少々

- みつば・・・・・ 10 g
- のり・・・・・・・2枚
- 紅しょうが・・・ 20 g

［作り方］

○すし飯

1. 米は洗い，分量の水，昆布を入れ30分浸漬し炊飯する．昆布は沸騰直前に取り出す．
2. 合わせ酢を合わせ，よく混ぜておく．
3. 炊き上がった①のご飯を熱いうちにすし桶（半切り）に移し，②を合わせ切るように混ぜる．
4. 合わせ酢がご飯全体にいきわたれば，うちわなどで急激にあおいで冷まし，水分を蒸発させる．

○具

1. 高野豆腐は60℃くらいの湯に浸けて戻し，2～3度水を替えて洗い，水気を絞る．
2. 干ししいたけは水で戻し石づきを取り，かんぴょうは塩もみして洗い，熱湯で軟らかくなるまでゆでる．
3. 鍋に調味料Aを合わせ，具の①，②を煮る．

＊高野豆腐，しいたけ，かんぴょうは別々に煮ることが多いが，作りやすさを考え，煮汁を合わせ一緒に煮ている．

4. 高野豆腐が炊ければ（煮汁が1/2くらいになれば）取り出し，かんぴょう，しいたけに調味料Bを加え，さらに煮て冷ます．
5. 高野豆腐は1枚を縦4等分に切る．しいたけはうす切りにする．かんぴょうはのりの長さに合わせ切る．
6. 卵はボウルに入れて割りほぐし，味をつけ，だし巻き卵の要領で焼く（p.72参照）．冷めれば4等分に切る．
7. えびは殻つきのまま背わたを取り，曲がらないように背中に竹串を刺す．熱湯でゆでて冷まし殻をむく．
8. みつばはさっとゆでて水にとり，冷ます．
9. のりは軽くあぶる．

○仕上げ

1. 酢水（酢と水が1：1くらい）で手を湿らせ，すし飯を2等分にまとめておく．
2. 乾いた巻きすに，表（光沢のある方）が下になるようにのりをおく．のりの向こう端3 cmを残し，すし飯を平らに広げる．
3. すし飯の中央に具をのせ，親指と人指し指で巻きすとのりの端を持ち上げ，残りの指で具を押さえ，手前のすし飯と向こう端のすし飯を合わせるように巻く．
4. 巻き終わりを下にし，ぬれぶきんで包丁をふきながら，1本を8切に切り器に盛りつけ，紅しょうがを添える．

調理の Science ポイント

- すし桶（半切り）は，木製の桶である．余分な水分を半切りが吸収し，米が引きしまり，つやのあるすし飯ができる．
- あらかじめすし桶の内側を水で湿らせておくと，合わせ酢がすし桶に浸透しにくくなり，すし飯がくっつくのを防ぐことができる．

チキンピラフ

調理時間 60 分

※炊飯時間含める

エ	426 kcal
た	13.5 g
脂	10.5 g
食塩相当量	1.5 g

Recipe

材料（1人分）

米・・・・・・・・・・・・・	80 g
鶏肉(モモ)・・・・・・・・・	40 g
たまねぎ・・・・・・・・・・	25 g
にんじん・・・・・・・・・・	10 g
マッシュルーム・・・・・・・	10 g
パセリ・・・・・・・・・・・	少々
＊調味料	
ブイヨン(米重量の1.3倍)・・	104 ml
塩・・・・・・・・・・・・・	0.8 g
こしょう・・・・・・・・・・	少々
バター(米重量の6〜7%)・・・・	5 g

［作り方］

1 米は洗い，ざるに上げて水気を切る（約30分）．

2 鶏モモ肉は1〜1.5 cm角に切る．

3 たまねぎはみじん切り，にんじんは5 mm角に，マッシュルームはうす切りにする．パセリはみじん切りにする．

4 ブイヨンは鍋に入れて温める．

5 フライパンにバターを入れてたまねぎを炒め，続いてにんじん，鶏肉，マッシュルーム，米の順に炒める．

6 炊飯器に①，⑤，④の順に入れ，塩，こしょうを入れ，白米と同様に炊飯する．

7 炊き上がれば器に盛りつけ，パセリのみじん切りを振る．

 調理の **Science** ポイント

・洗米後は，約30分水切りする．水分が多く残ったまま炒めると，米粒表面の糊化が急速に進み，鍋にくっつき炒めにくい．また，水切り時間が長いと，米が乾き砕けやすくなる．

・米を炒めてから煮ると米粒表面の糊化が進み，糊化と米粒表面の油脂で，米の中心部への吸水や熱の浸透が悪くなり，芯のある飯になりやすい．吸水や熱の浸透を速めるために，熱いブイヨンを加えて炊飯する．

Recipe

五目炒飯

調理時間 20分

㋔	436 kcal
㋆	12.5 g
脂	12.2 g
食塩相当量	2.5 g

材料（1人分）

米・・・・・・	80 g
水・・・・・	112 ml
（米の重量の1.4倍）	
ハム・・・・・	20 g
干ししいたけ・・・	2 g
たけのこ・・・・	10 g
グリンピース・・・	5 g
青ねぎ・・・・・	5 g
卵・・・・・・	25 g
＊卵の調味料	
塩・こしょう・・・少々	

＊具の調味料
塩・こしょう・・少々

＊調味料
塩・・・・・・	1 g
こしょう・・・	少々
酒・・・・・	3 g
淡口しょうゆ・・・	3 g

［作り方］

1 米は洗い，分量の水で浸漬し炊飯する．炊き上がればほぐして，粗熱を取る．

2 干ししいたけは水で戻し，石づきを除く．

3 ハムは1 cmの色紙切りに，干ししいたけ，たけのこは6 mm角に切る．

4 ねぎは小口切りにする．グリンピースは熱湯でゆでておく．

5 卵は溶きほぐし，塩，こしょうで味をつける．鍋にサラダ油2 gを入れ炒めて，取り出す．

6 中華鍋にサラダ油2 gを入れ②，③を入れて炒め，塩，こしょうで味をつけて取り出す．

7 中華鍋に残りの油を入れ，①をほぐしながら炒める．

8 ⑥を入れ塩，こしょうで味をつけ⑤，青ねぎ，グリンピースを入れ，最後に鍋の周囲から酒，しょうゆを入れる．

9 器に盛りつける．

＊具を炒め取り出し，鍋を一度さっと洗ったあとに，飯を炒めた方が焦げつきにくい．

調理のScienceポイント

・少量ずつ（2人分ずつくらい）炒める．飯の量が多いと熱が均一にいきわたらず，温度が上がらないため，水分が蒸発せずパラパラに仕上がらない．

・熱い飯は炒めると粘りが出やすいので，粗熱を取って炒めると粘りが出にくい．

・冷蔵庫から出した冷やご飯を炒めると，十分に温まるまで時間がかかり，多くの水分が蒸発してしまう．常温に戻すか電子レンジで軽く温めるとよい．

・弱火で米を炒めると，糊化して鍋にくっつくので，中火から強火で炒める．

・しょうゆは早く入れて加熱すると香気成分が飛ぶので，最後に加える．また，しょうゆは鍋の周囲から流し入れると焦げて，香りがよい．

3 { もち米をおいしく調理する }

rice flour beans —

も ち米のでんぷんはアミロペクチンのみ（100％）で粘り気が強く，老化しにくい性質をもっています．うるち米と比べ，浸漬したときの吸水速度が早く，吸水量が多くなります．

もち米を使った代表的な料理である，炊きおこわとこわ飯について説明します．

炊きおこわ

もち米を炊きおこわにする場合は，もち米2に対しうるち米1の割合で混ぜて炊飯します．「こわ飯」は蒸し器で作りますが，うるち米を混ぜる「炊きおこわ」は普通飯と同様に炊飯器で作ります．火加減の調節もいらず，簡単に作れます．炊きおこわの加水量は，

もち米の重量 × 1 ＋ うるち米の重量 × 1.5

を目安にします．

こわ飯

こわ飯とは浸漬したもち米を水切りし，蒸した飯のことです．もち米は2時間の浸漬で米重量の約30～40％を吸水し，でんぷんの糊化に必要な水分（30％以上）を十分吸水します．炊飯のように炊くと軟らかくなりすぎます．軟らかくなりすぎないように加水量を少なくすると，米の上部まで水がいきわたらず均一に加熱することができないため，蒸して加熱します．浸漬による吸水だけでは水分が不足することと軟らかさを補うために，蒸す途中に振り水をします．強火で40～50分蒸す間に3～4回振り水を行い，硬さを調整します．

電子レンジで作る かんたん中華おこわ

材料（2人分）

もち米・・・・・・・・・・・	175 g（1カップ）
豚バラ肉・・・・・・・・・・・・・	60 g
にんじん・・・・・・・・・・・・・	40 g
たけのこ・・・・・・・・・・・・・	60 g
干ししいたけ・・・・・・・・・・・	2枚
グリンピース（冷凍）・・・・・・・	2 g
＊調味料	
水・・・・・・・・・・・・	160～180 ml
砂糖・・・・・・・・・・・・・・・	少々
しょうゆ・・・・・・・・・・・・・	18 ml
酒・・・・・・・・・・・・・・・・	15 ml
塩・・・・・・・・・・・・・・・・	1.5 g

〔作り方〕

1 もち米は洗い，水に約1時間浸漬する．

2 豚バラ肉は1 cm角，にんじんは6 mm角，たけのこは6 mm角に切る．

3 干ししいたけは水で戻し石づきを取り，6 mm角に切る．

4 グリンピースは熱湯でさっとゆでておく．

5 ①のもち米の水気をしっかり切り，耐熱のボウルに入れる．

6 ②，③，水，調味料を入れて混ぜ，ふんわりとラップフィルムをかけ電子レンジ（600 W）で8分加熱する．

7 一度混ぜ，ラップフィルムをかけ，さらに7分加熱する．

8 ④を混ぜ，器に盛りつける．

＊2倍量で調理する場合の時間は10分加熱，混ぜてさらに10分加熱とする．分量により加熱時間が変わるが，2倍量以上になると加熱ムラができるため2倍までとする．

赤飯
（炊きおこわ）

調理時間 60分	※炊飯時間含める	エ	256 kcal
		た	6.2 g
		脂	0.9 g
		食塩相当量	0.5 g

材料（1人分）

もち米・・・・・・・・・・・・・・・40 g
うるち米・・・・・・・・・・・・・・20 g
小豆（もち米とうるち米の重量の20%）・・・・・12 g
塩（米の重量の0.8%）・・・・・・・・・0.48 g
ゆで汁と水を合わせて・・・・・・・・70 ml

※ もち米とうるち米は2:1
※ 水加減：もち米の重量×1 + うるち米の重量 × 1.5

〔作り方〕

1 あずきは「こわ飯」と同様にゆでる（「赤飯（こわ飯）」の①，②参照）．

2 もち米とうるち米は合わせて洗い，ざるに上げ，小豆のゆで汁と水を合わせ約1時間浸漬する．

3 炊飯器に②，ゆでた小豆，塩を入れてさっと混ぜ炊く．

4 炊き上がれば器に盛りつける（ごま塩を振ってもよい）．

調理の Science ポイント

・小豆は浸漬せず，直接ゆでて渋切りする（p.126参照）．

・小豆の色素はアントシアン色素で，水溶性で煮汁に溶け出す．小豆の煮汁で米を浸漬し赤色をつける．

・小豆の代わりにささげを用いることがある．外見は小豆に似ていて加熱により皮が破れにくい．「腹が割れる＝切腹」を連想させるとして，関東では小豆の代わりにささげで赤飯を作ることが多い．

赤飯（こわ飯）

材料（1人分）

もち米・・・・・・・・・・・・・・・60 g
小豆（もち米の重量の20%）・・・・・・・12 g

〔作り方〕

1 小豆は洗い，6～7倍の水を加えて火にかけ，沸騰すれば1分間ゆで，ゆで汁を捨てる（渋切り）．

2 ①の小豆をさっと洗い，鍋に入れ，6～7倍の水を加えて硬めにゆで，ざるにとる．ゆで汁は冷ます．

3 もち米を洗い②の小豆のゆで汁に約1時間浸漬する（ゆで汁が少ない場合は水を補う）．

4 もち米をざるに上げ小豆を混ぜる．浸け汁は振り水に用いる．

5 蒸気の上がった蒸し器に水でぬらした布をしき，④を広げ，中央をくぼませ強火で約40分蒸す．

6 3～4回振り水をかけ，蒸し上がればすし桶などに取り，手早くあおいでつやを出す．

7 器に盛りつける（ごま塩を振ってもよい）．

4 { 米粉を使っておいしく調理する }

rice flour beans –

米粉（こめこ，べいふん）はうるち米を製粉したもので，もちや団子，パンなどに使われます．小麦アレルギーなどやセリアック病（グルテン不耐症）の人のためにグルテンフリー食品として，食事療法に取り入れられています．

代表的な上新粉，白玉粉，道明寺粉について述べ，うるち米を原料とするビーフンについても説明します．

上新粉

上新粉はうるち米を洗い水に浸漬し軟らかくし，乾燥させ製粉したものです．粘り気が少なく，歯ごたえがあります．粒子が大きく，水でこねても吸水量が少ないため，粉と同量の熱湯（0.9〜1.1倍）を加えてこねます．でんぷんが膨潤，糊化し，粘り気が出てまとまりやすくなります．そののちに熱が通りやすいように平らにし，蒸し器で蒸すか，熱湯でゆでて取り出し，水気を取り，再びこねて粘り気を出します．団子や柏もちに用います．

白玉粉

白玉粉はもち米を洗い水に浸漬し，軟らかくし，砕いてすりつぶし，ふるいにかけて乾燥させたものです．粘性が大きく，上新粉に比べて老化が遅く，舌ざわりがなめらかです．

熱湯を加えると粉の表面だけが糊化・膨潤し，内部まで浸透しないため，こねるときは水を用います．粉の重量の85〜100％の水を入れて生地をこねます．白玉団子や大福もちに用います．

道明寺粉

道明寺粉はもち米を洗って蒸したのち，乾燥させ，粗く粉砕したものです．桜もち（関西風）などに用いられます．食紅を使用せず，白く仕上げ，椿の葉2枚ではさんだものを椿もちとよびます．

ビーフン

うるち米を原料とし，粉砕して蒸し，押し出して冷やし，乾燥させて作ります．ライスヌードルともいわれています．水か湯で戻し，肉や野菜と炒めて味つけした焼きビーフンや，スープと合わせ汁ビーフンとして用います．

草もち
（上新粉）

調理時間 20分	エネルギー	121 kcal
	たんぱく質	2.3 g
	脂質	0.3 g
	食塩相当量	0 g

Recipe

材料（4個分）

よもぎ（葉先）・・・・・・・・・・・	15 g
重曹・・・・・・・・・・・・・・・	少々
上新粉・・・・・・・・・・・・・・	60 g
熱湯・・・・・・・・・・・・・・・	60 ml
砂糖・・・・・・・・・・・・・・・	9 g
こしあん・・・・・・・・・・・・・	80 g
きなこ・・・・・・・・・・・・・・	適量

〔作り方〕

1. 鍋に湯を沸かし重曹を入れ，よもぎを加え，軟らかくなるまでゆでる．水にとりさらし，水気を取り刻み，すり鉢ですりつぶす（フードプロセッサーでもよい）．

2. あんは4等分して，それぞれを丸める．

3. ボウルに上新粉を入れ，熱湯を少しずつ加え耳たぶくらいの硬さに練り，砂糖を加え混ぜる．

4. ③を火が通りやすいようにうすく平らにし，熱湯でゆで火が通れば水にとる（あるいは蒸し器で15分蒸す）．

5. 水気を取り，すり鉢に入れてすりこぎで突く．①を入れてよく混ぜる．

6. 手でまとめ，4等分して丸める．

7. 生地を広げ②のあんをくるみ，器に盛りつけ，きなこを振る．

*乾燥よもぎを使用する場合は，乾燥よもぎ2gを熱湯5mlで戻して用いる．

調理の Science ポイント

- うるち米から作る上新粉は弾性が大きい．

- アミロースを多く含むため，老化が早い．白玉粉と混ぜて使用する場合もある．

- 砂糖には保水性があり，糊化したでんぷんの軟らかさを保つ．老化を遅らせ，生地が硬くなるのを防ぐ．

いちご大福
（白玉粉）

調理時間 20分	㋑	157 kcal
	㋭	2.2 g
	㊛	0.3 g
	食塩相当量	0 g

材料（4人分）

いちご・・・・・・・・・・・・・	60 g（4個）
白あん・・・・・・・・・・・・・	80 g
かたくり粉・・・・・・・・・・・	適量
＊生地	
白玉粉 ・・・・・・・・・・・	70 g
砂糖 ・・・・・・・・・・・・	24 g
水 ・・・・・・・・・・・・・	60 ml
（白玉粉の85%）	

［作り方］

1 白あんは4等分して，丸めておく．

2 いちごは洗ってへたを取り，先端の細い部分を残し白あんで包む．

3 耐熱容器に白玉粉，砂糖，水を少しずつ入れてよく混ぜる．ラップフィルムで覆い，電子レンジで（600Wの場合）1分加熱する．水を多く入れすぎたときは，ペーパータオルなどでふき取るとよい．

4 全体を混ぜて，さらに1分加熱する．

5 様子を見ながら，さらに30秒から1分加熱し，半透明になれば，かたくり粉を多めにしいたバットに取り出し，4等分して②を包む．

6 器に盛りつける．

＊電子レンジの加熱時間は4個の場合．分量により加熱時間が変わるので，様子を見ながら加熱する．

調理の Science ポイント

・白玉粉は粘性が大きく老化が遅い．砂糖の保水性については p.102 を参照．

・白玉粉は粗い塊状になっているので水を少しずつ加えて吸水させ，耳たぶくらいの硬さに調整する．

・求肥は白玉粉に倍量の水を加えて湯せんで加熱し，粉と同量の砂糖を加えて練ったものである．砂糖を多く含み，でんぷんの老化が起こりにくいので，時間が経っても軟らかい．

・白あんの原料には白あずき，白いんげんなどが用いられる．

Recipe

🍴 桜もち：関西風
（道明寺粉）

調理時間 20分

⊥	110 kcal
た	1.9 g
脂	0.1 g
食塩相当量	0.1 g

材料（4個分）

桜の葉（塩漬け）・・・・・・・・・・・・・　4 枚
こしあん・・・・・・・・・・・・・・・・　80 g

＊生地
道明寺粉　・・・・・・・・・・　50 g
砂糖　・・・・・・・・・・・・　10 g
水　・・・・・・・・・・・　75 ml
食紅　・・・・・・・・・・・・・　少々

［作り方］

1　桜の葉は軸を取り，うすい塩水に浸けて塩抜きする．

2　こしあんは 4 等分して丸めておく．

3　分量の水に，水溶きした食紅少々を加える．

4　小さい耐熱容器に道明寺粉，砂糖を入れて混ぜ③を加える．

5　ラップフィルムで覆い，電子レンジで（600 W の場合）2 分加熱し，ラップフィルムをかけたまま 10 分蒸らす．

6　⑤の生地をすりこぎで軽くつぶし，4 等分して広げ，②を包み，桜の葉で包み器に盛りつける．

＊関西では道明寺粉を用いたものが多いが，関東では白玉粉，小麦粉，砂糖を混ぜ，うすく焼いた生地であんを包む．

 調理の **Science** ポイント👆

・道明寺粉の粒の大きさにより蒸らし時間が変わるので，硬い場合は蒸らし時間を増やす．

5 { 小麦粉の種類を知っておこう }

rice flour beans –

小麦はイネ科の植物で，世界でもっとも多く栽培されている穀類です．粒食せず製粉し，小麦粉として利用されています．小麦は米とは違い，粒ごと精白できません．その理由として小麦の構造があげられます．小麦の外皮は胚乳にくい込んでいて取り除きにくいため，まず小麦全体を製粉して（全粒粉）のちに外皮などを取り除き，ふるいにかけて，胚乳のみを小麦粉に利用します．

粒の硬さにより硬質小麦，中間質小麦，軟質小麦に分類されます．たんぱく質の多い硬質小麦は強力粉やデュラム粉に，中間質小麦は中力粉に，たんぱく質の少ない軟質小麦は薄力粉に加工されます．

含まれるたんぱく質の量，グルテン（p.107参照）により薄力粉，中力粉，強力粉に分類されます．また，含まれる灰分（皮の量）により1等粉，2等粉，全粒粉などに分類され，家庭用で用いられているのはほとんどが強力粉，薄力粉の1等粉です．グルテン量が多い方が，粘弾性と伸展性の強い粉です．

小麦粉の主成分は炭水化物で，その含量は約70〜75%，そのほかにたんぱく質が約7〜14%，脂質が約2%含まれています．小麦粉の特徴は含まれるたんぱく質によるもので，弾性の性質のあるグルテニンと，粘性の性質のあるグリアジンが約80%を占めています．

表　小麦粉の品質特性による分類と用途

種　類	たんぱく質含量（%）	グルテン量	おもな用途
薄力粉	7.0 〜 8.5	少ない	菓子，天ぷらの衣など，料理全般
中力粉	8.5 〜 10.5	中間	うどん，そうめん
強力粉	11.5 〜 13.5	非常に多い	パン（食パン）
デュラム粉	11 〜 14	多い	パスタ類

Recipe

スパゲティ
ミートソース

調理時間 **25分**

エ		508 kcal
た		21.4 g
脂		16.3 g
食塩相当量		2.1 g

材料（1人分）

＊ミートソース		＊調味料	
牛ひき肉	60 g	薄力粉	3 g
たまねぎ	30 g	トマト水煮	75 g
にんにく	1 g	ブイヨン	50 ml
にんじん	10 g	ナツメグ	少々
セロリ	10 g	トマトケチャップ	8 g
マッシュルーム	10 g	ウスターソース	3 g
ローリエ	少々	塩	1.2 g
オリーブ油	2 g	こしょう	少々
		スパゲティ	70 g
		(1.5 mm)	
		パセリ	少々

〔作り方〕

1　たまねぎ，にんにく，にんじんはみじん切りにする．

2　セロリは筋を取り，みじん切りにする．マッシュルームはうす切りにする．

3　鍋にオリーブ油を入れ，①のにんにくを弱火で炒め，香りが出ればたまねぎを炒める．

4　たまねぎが褐色に色づけば，にんじん，セロリ，牛ひき肉を入れて炒める．

5　薄力粉を入れて炒め，トマトの水煮を入れて沸騰させ，ブイヨン，ローリエ，マッシュルーム，ナツメグを入れて煮る．

6　ローリエを取り出し，トマトケチャップ，ウスターソース，塩，こしょうを入れ味を調える．

7　鍋にスパゲティの重量の6〜7倍の熱湯を沸かし，1%の塩（分量外）を加えスパゲティを入れてゆでる．

8　⑦を混ぜながらアルデンテにゆで（下記参照），ざるに上げ水気を切り，器に盛りつける．

9　⑥をかけ，パセリのみじん切りを振る（好みで粉チーズを振ってもよい）．

＊スパゲティやマカロニは，デュラム小麦に水や卵を加えこねた生地を高圧で押し出し成型したものである．長さや形，太さなどさまざまな種類がある．

調理の Science ポイント

・ゆで汁1Lに対して5〜10 g（0.5〜1%）の塩を入れてゆでると，弾力のあるコシの強いめんにゆで上がる．

・塩を入れてゆでると，めんに味がつき，ソースとなじみやすくなる．

・芯が針の先ほど残る状態（アルデンテ）で引き上げ，ソースと合わせる．

・スパゲティやマカロニは吸水性や粘着性が強いため，ゆで方後は水洗いせず，ざるに上げ，すぐにソースや油脂をからめ，めんの付着を防ぐ．

6 {ドウとバッター}

rice flour beans –

　小麦粉に50～60%の水を加えてこね，水の中で，でんぷんを洗い流すと粘弾性のある塊が残り，これをグルテンといいます．小麦粉のたんぱく質の主成分，グルテニン，グリアジンに水を加えてこねると網目構造を作り，粘弾性，伸展性のあるグルテンが形成されます．このグルテンを形成するには，たんぱく質の多い強力粉が適しています．たんぱく質含量の多い小麦粉の方がグルテン量は多くなります．グルテンの形成は小麦粉のたんぱく質特有の性質で，大麦やライ麦はたんぱく質の組成が違うのでグルテンを形成しません．

小麦粉生地：ドウとバッター

　小麦粉生地は加える水分により状態が異なり，ドウとバッターに分類されます．

　ドウは小麦粉に重量の50～60%の水を加え混ねつした生地で，手でまとめられる硬さです．グルテンを形成させることで伸展性，粘弾性が増し，パンやめんなどの幅広い調理に利用できます．

　バッターは小麦粉に重量の100～400%の水（または卵，牛乳，油脂など）を加え，混ねつした流動性のある生地で，手でまとめられません．グルテン形成を利用しない調理で使われることが多く，スポンジ生地や天ぷらの衣などに利用されます．たんぱく質の少ない薄力粉が適しています．

グルテン形成に影響する要因：水温とねかし

　水温が高い方がグルテンの形成が促進されますが，70℃を超えるとグルテンが熱変性し，でんぷんが糊化して，生地が硬くなります．グルテン形成には，30℃くらいが適しています．

　こねた直後は硬く，引っ張るとちぎれてしまい伸長抵抗が大きく伸長度は小さいです（伸びにくい）．ねかすことで（約30分）グルテンの網目構造が緩和され，伸長抵抗が小さく，粘弾性，伸長度が大きくなり，伸びやすくなります．

　グルテン形成に影響を与える，食塩，砂糖，油脂について表にまとめています．添加物を入れる順序はグルテン形成に大きく影響します．

・**グルテン形成を必要としない調理**
　⇒　すべての材料を混合し，最後に小麦粉を加える．スポンジケーキ，クッキーなど．
・**グルテン形成を必要とする調理**
　⇒　先に小麦粉と水を混合する．パンなど．

表　添加物の影響：食塩，砂糖，油脂

添加物	グルテン形成	生地への影響
食塩	促進	粘弾性，伸展性が増してこしを強くする
砂糖	抑制	保水性が高く，生地の水分を奪うためグルテン形成が阻害される
油脂	抑制	水と小麦粉の接触が妨げられ，グルテン形成が阻害される．伸展性が増し，なめらかになる

Recipe 冷やしそうめん

調理時間 30分

エ	398 kcal
た	16 g
脂	4.6 g
食塩相当量	5.6 g

※だしの塩分もすべて含める

材料（1人分）

そうめん・・・・・75 g
干ししいたけ・・・2 g（小1枚）
きゅうり・・・・10 g
えび・・・20 g（1尾）
卵・・・・・25 g
サラダ油・・・・1 g

＊そうめんだし
みりん・・・15 g
しょうゆ・・15 g
だし・・・・75 ml
追いかつお・0.5 g

＊薬味
青ねぎ・・・・4 g
おろししょうが・2 g
青じそ・・・1 g（1枚）

＊しいたけの煮汁
干ししいたけ戻し汁・・・・・15 g
砂糖・・・・2 g
しょうゆ・・1.5 g

＊卵の味つけ
塩・砂糖・・・少々

［作り方］

1 そうめんだしを作る．鍋にみりんを入れて煮切り（p.66参照），しょうゆ，だしを入れ一煮立ちさせ，追いがつおを入れて火を止め，冷ませばこしておく．

2 干ししいたけは水で戻し石づきを取り，戻し汁で煮た後，砂糖を加えて煮る．しょうゆを加えてさっと煮，冷まし，うす切りにしておく．

3 えびは背わたを取ってゆでる．冷めれば殻をむいておく．

4 きゅうりは斜めうす切りにし，3 mm幅のせん切りにする．

5 卵焼き器にサラダ油をうすくしき，卵を流し，焼ければ返し，両面焼いて取り出す．冷めれば5 mm幅のせん切りにしておく．

6 青ねぎは小口切り，青じそは2, 3切にちぎっておく．

7 鍋に熱湯を沸かし，そうめんをほぐしながら入れてゆでる．沸騰すれば差し水をし，再度沸騰すればざるに引き上げる．

8 ⑦を流水で洗いぬめりを取り，氷水で冷やし水気を切る．

9 器に⑧を盛り，②〜⑥，おろししょうがを盛りつけ，そうめんだしを添える．

調理の Science ポイント

・そうめんやうどんは中力粉に塩と水を加えてこね，めん状に伸ばしたものである．塩を加えてこねることでグルテンが形成され，コシの強いめんになる．

・乾めんは沸騰水にめんをほぐしながら入れて，沸騰すれば弱火にし，差し水をしながらゆでる．冷水にとり，水洗いする．

・差し水は，めんの表面と内部の温度の差が少なくなるように表面の温度を下げるために用いる．

・ゆで上がっためんは表面のでんぷんやぬめりを取るために，水で洗う．

冷やし中華

調理時間 25分	エ 484 kcal
	た 16.9 g
	脂 14.3 g
	食塩相当量 4.1 g

材料（1人分）

中華生めん・・・・・・・・・・	100 g
ごま油・・・・・・・・・・・・・	1 g
ロースハム・・・・・・・・・	10 g
きゅうり・・・・・・・・・・	20 g
トマト・・・・・・・・・・・	30 g
きくらげ(乾燥)・・・・・・	1 g
卵・・・・・・・・・・・・・	25 g
＊卵の調味料	
塩・砂糖・・・・・・・・・	少々
サラダ油・・・・・・・・・・・	2 g
＊ごまだれ	
練りごま・・・・・・・・・・	7.5 g
砂糖・・・・・・・・・・・・	6 g
酢・・・・・・・・・・・・・	12 g
しょうゆ・・・・・・・・・・	18 g
湯(スープ)・・・・・・・・・	11 ml
ごま油・・・・・・・・・・・	2 g
おろししょうが・・・・・・	2 g
辛子・・・・・・・・・・・・	好みで

〔作り方〕

1 ロースハムは3mm幅に切る. きゅうりは斜めうす切りにしてから, 3mm幅に切る.

2 トマトはくし形切りにする. きくらげは水で戻し, 熱湯でゆで石づきを取り, せん切りにする.

3 ボウルに卵を入れ溶きほぐし, 調味料を入れて混ぜる.

4 フライパンにサラダ油を入れ, 余分な油をふき取りうす焼き卵を焼き, 4cm長さ, 5mm幅に切る.

5 ボウルに練りごまを入れ, 砂糖を入れて混ぜ, 酢, しょうゆ, 湯, おろししょうがを合わせ, ごま油を入れる.

6 鍋に熱湯を沸かし, めんをほぐしながら入れてゆでる. ざるに引き上げ流水で洗い, ぬめりを取り, 氷水で冷やし水気を切る.

7 器に⑥を盛り, ①～④をのせ⑤のごまだれをかける. 好みで辛子を添える.

＊コシのあるめんに仕上げるために, ゆですぎないようにする. 加熱しすぎると弾力性がなくなる. またゆでたあと時間をおくと, コシがなくなる.

＊うす焼き卵を焼くとき, 余分な油をふき取りながら焼く. 油が多いと卵が浮き上がり, きれいに焼けない.

 調理の Science ポイント

・中華めんは, 小麦粉（中力粉）にかん水（アルカリ水. 主原料は炭酸水素ナトリウム）を加えて練ってめん状にしたものである.

・かん水によりグルテニンの弾性, 伸展性が増す.

・かん水を加えると生地はアルカリ性になり, 小麦粉に含まれるフラボノイド色素が黄変し中華めん独特の黄色になる.

加熱温度の違いから作り分ける

7 { 小麦粉から作る 3 種類のルウ }

rice flour beans –

小麦粉をバターなどの油脂で炒めたものをルウといいます．牛乳やブイヨンでのばして，ソースやカレー，シチューなどに濃度をつけ，なめらかさを出すのに用います．ルウのとろみはでんぷんの糊化による粘性を利用したものです．

　加熱温度の違いによりホワイトルウ，ブロンドルウ，ブラウンルウに分類されます．

　それぞれのルウの作り方を次に述べます．

① 圧手の鍋にバターを入れ弱火で溶かす（強火にするとバターが焦げる）．

② 薄力粉を加え，弱火で鍋底を混ぜながら炒める．

③ 水分が蒸発し甘い香りがして流動性が出てくる（ホワイトルウ）．

④ さらに弱火で加熱すると淡黄色になり，香ばしい香りがする（ブロンドルウ）．

⑤ さらに弱火で加熱すると茶色になり，香ばしい香りが強まる（ブラウンルウ）．

図　加熱温度の違いによるルウ
左からホワイトルウ，ブロンドルウ，ブラウンルウ．

表　ルウの種類

ルウの種類	色	温度	用途
ホワイトルウ	クリーム色	120~130℃	ホワイトソース（シチュー，グラタンなど）
ブロンドルウ	淡黄色	140 ~ 150℃	ソース類
ブラウンルウ	茶褐色	170 ~ 180℃	カレー，ビーフシチュー（p.16 参照）

Recipe

マカロニグラタン

調理時間 40分

		358 kcal
㉓		16.7 g
㉔		16.7 g
食塩相当量		2.1 g

材料（1人分）

マカロニ・・・・	20 g	＊ホワイトソース
えび・・・・・	30 g	バター ・・・・・ 8 g
たまねぎ・・・・	25 g	薄力粉・・・・・ 10 g
しめじ・・・・	10 g	牛乳 ・・・ 150 ml
ブロッコリー・・	10 g	ブイヨン(顆粒)・・・
バター・・・・・	2 g	・・・・・・ 0.5 g
溶けるチーズ・・・	8 g	塩 ・・・・ 0.8 g
パン粉・・・・・	1 g	こしょう ・・・少々

＊調味料(具の味つけ)
: 塩 ・・・・ 0.4 g
: こしょう ・・・少々

［作り方］

1 えびは殻をむき，背わたを取り，1 cm くらいに切る．

2 たまねぎはうす切りにする．しめじは石づきを取りほぐす．

3 ブロッコリーは小房に分け，熱湯に塩少々（分量外）を入れてゆで，引き上げる．

4 マカロニは熱湯に1％の塩を入れてゆで，ざるに上げる．

5 フライパンにバターを入れ，たまねぎに焼き色がつかないように炒め，甘味が出れば，①を加える．しめじを入れて炒め，塩，こしょうで味をつける．

6 ホワイトソースを作る．鍋にバターを溶かし，薄力粉を入れて弱火で炒める．温めた牛乳を少しずつ加え，ブイヨン，塩，こしょうで味をつける．

7 ⑥に④⑤を加えて混ぜ，耐熱容器に入れる．ブロッコリー，チーズ，パン粉をのせて，220℃に予熱したオーブンで12分焼く．

 調理の **Science** ポイント

・薄力粉は炒めるとたんぱく質が変性し，グルテンが形成されず，粘度が低下しサラッとした状態になる．また，バターで炒めることによりでんぷん粒は油脂で覆われ，膨潤が抑制されて粘度が低下する．

・炒める温度が高いほどグルテン形成が抑制され，粘度が下がりなめらかなソースになる．これはでんぷん粒の一部がデキストリン化（崩壊）し，溶解しやすくなるためである．

・ルウに牛乳やブイヨンを加えるとダマができることがあるが，これはでんぷんが部分的に糊化するためである．混合するときは，牛乳やブイヨンなど混合物の温度をでんぷんの糊化温度（50〜60℃）以下にするとダマができにくい．混合物は一度に混合せず，少しずつ加える．

・シチューやグラタンなど濃度が足りないときは，ブールマニエを加え濃度を調整する．ブールマニエとは，薄力粉とバターを練ったもので，ルウに比べて粘性が高い．調理の最後に濃度を補うために使用する場合が多いが，粉のにおいが残るので，加えてからよく加熱する．

8 { 小麦粉を使っておいしく調理する }

rice flour beans -

グルテン形成という小麦粉の特性を生かして，さまざまな調理を行います．ここでは添加材料の違うバターロール（バター添加），ピザ（オリーブ油添加），肉まん，あんまん（ラード添加），アメリカンクッキー（重曹添加），マフィン（ベーキングパウダー添加）のレシピを紹介します．バター，オリーブ油，ラードなどの油脂は生地の伸展性を増す働きがあり，それぞれの油脂の香りやコクも加わります．

次に，膨化調理について代表的なレシピの例とともに説明します．膨化とは加熱により急に膨らむことで，酵母など生物による膨化，膨化剤による膨化，気泡や水蒸気圧による膨化の3種類に分けられます．

p.46 で説明している「天ぷら」の衣では，サクッとした食感とするために，グルテン形成を防ぐ工夫をしています．グルテン含量の少ない薄力粉を使う，混ぜすぎない，衣の材料は冷やしておく，冷水（15℃）を使用する，混ぜてすぐに使う，などです．

酵母による膨化
（生物的膨化．パン，ピザ，中華まんじゅうなど）

酵母（イースト）の発酵で発生する二酸化炭素により，生地を押し上げて膨化します．二酸化炭素を包み込む必要があるため，強い粘弾性と伸展性のある中力粉や強力粉が適しています．

酵母の発酵に適した温度は 28 〜 32℃ 程度です．50℃ 以上になると活動は弱まり，60℃ を超えると酵母は死滅します．

化学的膨化による膨化
（クッキー，マフィン，ドーナツ，ホットケーキなど）

重曹（炭酸水素ナトリウム）やベーキングパウダーなどの膨化剤に水，熱を加え発生する二酸化炭素を利用して生地を膨化させます．

物理的膨化（蒸気圧による熱膨化）
（スフレ，スポンジケーキ，シュークリーム，折り込みパイ，かるかんなど）

卵白，全卵，山のいもなどを泡立て，生じた気泡の熱膨化，加熱により発生する蒸気圧を利用し，生地を膨化させます．

ひとくちメモ：スポンジケーキの生地の泡立て

スポンジケーキは，全卵で立てる共立て法と卵黄と卵白を分けて立てる別立て法があります．

共立て法：全卵に砂糖を加え，湯せんにかけて 35 〜 40℃ くらいに温め，湯せんから外して一気に泡立て，薄力粉を混ぜ，バターを加えます．しっとり仕上がります．スポンジケーキなど．

別立て法：卵黄に砂糖を加えて泡立ててから，別のボウルで卵白を泡立て，砂糖を数回に分けて加え泡立てます．卵白の泡立ては，泡をもち上げたとき「角」が立つくらいで，ボウルを逆さにしても落ちない程度にします．卵黄と卵白を合わせ，泡をつぶさないように混ぜ薄力粉を混ぜます．サックリと仕上がります．シフォンケーキ（p.77 参照）やビスキュイ（別立て法で作るスポンジ生地のこと）など．

Recipe

バターロール

調理時間 120分	エ	133 kcal
	た	3.8 g
	脂	3.1 g
	食塩相当量	0.3 g

材料 （10個分）

- 温湯(30℃くらい) ・・・・・・・・・・・・・40 ml
- 砂糖(発酵促進用) ・・・・・・・・・・・・・・少々
- ドライイースト ・・・・・・・・・・・・・・・6 g
- 強力粉 ・・・・・・・・・・・・・・・・・・250 g
- 砂糖 ・・・・・・・・・・・・・・・・・・・20 g
- 塩 ・・・・・・・・・・・・・・・・・・・・・3 g
- 牛乳 ・・・・・・・・・・・・・・・・・・・80 ml
- 卵 ・・・・・・・・・・・・・・・・・・・・25 g
- バター ・・・・・・・・・・・・・・・・・・25 g
- 溶き卵(つや出し用) ・・・・・・・・・・・・・適量
- サラダ油 ・・・・・・・・・・・・・・・・・・少々

[作り方]

1. ボウルに温湯を入れ，発酵促進用の砂糖，ドライイーストを加え予備発酵させる．

2. 牛乳は人肌程度に温めて，卵と合わせておく．

3. 別のボウルに強力粉，砂糖，塩を入れて軽く混ぜ，中央をくぼませ，①，②を加えて混ぜ，ひとまとまりになるまで練る．

4. ③にバターを入れて，よくこねる．

5. ボウルから取り出し，台の上で生地の表面がなめらかになるまで練る．

6. 生地が手につかなくなり，なめらかになれば，うすくサラダ油を塗ったボウルに入れる．ラップフィルムで覆い，30℃くらいの場所で生地が2倍くらいに膨らむまで発酵させる（一次発酵．約40～50分）．

7. 指に粉をつけ生地に差し，指を抜き，指のあとが戻らなければ発酵は終了．

8. ⑦をやさしく押さえ，ガス抜きをする．スケッパーで10等分に分けて丸め，常温で生地を休ませる（ベンチタイム，15分）．

9. 生地をしずく状に形作り，手で押しつぶす．めん棒で20 cmくらいの長さにのばし，太い方から細い方に巻き，成形する．

10. オーブン皿にクッキングシートをしき，⑨の巻き終わりを下にしてオーブン皿に並べる．生地に霧を吹いて温かい場所で発酵させる（二次発酵．約30分）．

11. 表面に溶き卵（ドリュール）を塗り，200℃に予熱したオーブンで10分焼く．

12. 焼き上がれば，器に盛りつける．

＊発酵時間は季節，室温により変わるので生地の大きさで調節する（生地が2倍くらいになるまで発酵させる）．

＊室温が低いときにはオーブンの発酵機能や湯せんを利用し，28～30℃くらいの温度に調整し発酵させる．

 調理の **Science** ポイント

- パンには，粘弾性のあるグルテン膜が形成できる強力粉が適する．

- 生地は表面が乾かないように，ラップフィルムやぬれぶきんをかぶせて発酵させる．

- 現在市販されているドライイーストを使用すると予備発酵が不要で，直接小麦粉と混ぜて用いる．レシピでは生地全体に混ざりやすいように予備発酵をしている．

バターロールの成形

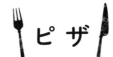

Recipe

ピ ザ

調理時間 80分	㋓	430 kcal
	㋜	16.2 g
	㋷	16.6 g
	食塩相当量	1.9 g

材料〔1枚分（2人分）〕

温湯（30℃くらい）	80 ml	オリーブ油	4 g
砂糖（発酵促進用）	少々	塩	1.2 g
ドライイースト	2 g	こしょう	少々
強力粉	120 g		
砂糖	3 g	＊トッピング	
塩	1 g	ベーコン（1 cm幅）	20 g
オリーブ油	4 g	たまねぎ（うす切り）	20 g
		コーン（水煮）	20 g
＊トマトソース		ツナ（水煮）	20 g
にんにく	2 g	チーズ	40 g
たまねぎ	16 g	（溶けるタイプ）	
トマト（水煮）	120 g	バジル（葉）	適量

〔作り方〕

1 ボウルに温湯を入れ，発酵促進用の砂糖，ドライイーストを加え予備発酵させる．

2 別のボウルに強力粉，砂糖，塩を入れ軽く混ぜる．中央をくぼませ，①を加え混ぜ，ひとまとまりになるまで練る．

3 ②にオリーブ油を入れてよくこねる．

4 ボウルから取り出し，台の上で生地の表面がなめらかになるまで練る．

5 生地が手につかなくなり，なめらかになれば，うすくオリーブ油を塗ったボウルに入れて，ラップフィルムで覆い，30℃くらいの場所で生地が2倍くらいに膨らむまで発酵させる（一次発酵．約30分）．

6 指に粉をつけ生地に差し，指を抜き，指のあとが戻らなければ発酵は終了．

7 ガス抜きをし，うすくのばしてトマトソース，具，チーズをのせる．

8 220℃のオーブンで8〜10分焼く．チーズが溶け表面に焼き色がつくまでを目安にする．

9 器に盛りつけ，バジルをのせる．

＊ピザは，イタリアの南部ナポリ地方の料理．

＊モッツァレラやゴーダ，パルメザンなどのチーズを用いてもよい．

○トマトソース

1 にんにく，たまねぎはみじん切りにする．

2 鍋にオリーブ油を入れて①を弱火で炒め，甘みが出れば粗くつぶした水煮トマトを入れ，弱火で約10分煮る．

3 塩，こしょうで味を調える．

調理の Science ポイント

・ピザ生地は二次発酵をせず，一次発酵が終われがガス抜きをして成形する．

肉まん あんまん

調理時間 80分

	工	193 kcal	工	250 kcal
	た	10.6 g	た	8.8 g
	脂	4.6 g	脂	2.3 g
	食塩相当量	0.7 g	食塩相当量	0.5 g
	※肉まん		※あんまん	

材料（包子8個分）

＊皮
温湯・・・・・・140 ml
（30℃くらい）
砂糖（発酵促進用）・・少々
ドライイースト ・ 4 g
強力粉 ・・・ 100 g
薄力粉 ・・・・ 150 g
ベーキングパウダー 4 g
砂糖 ・・・・・ 16 g
塩 ・・・・・・ 1 g
ラード ・・・・ 5 g

＊肉あん（4個分）
豚ひき肉 ・・・ 80 g

たまねぎ ・・・・ 50 g
たけのこ ・・・・ 20 g
干ししいたけ ・ 4 g
＊調味料
しょうゆ ・・・・ 4 g
オイスターソース 4 g
砂糖 ・・・・・・ 3 g
塩 ・・・・・・・ 1 g
かたくり粉 ・・・ 4 g
＊ごまあん（4個分）
こしあん ・・ 160 g
黒ごま ・・・・ 8 g
クッキングシート
・・・・・ 10 cm角

〔作り方〕
〇包子生地

1 ボウルに温湯を入れ，発酵促進用の砂糖，ドライイーストを加え予備発酵させる．

2 別のボウルに強力粉，薄力粉，ベーキングパウダー，砂糖，塩を入れ軽く混ぜる．中央をくぼませ，①を加え混ぜ，ひとまとまりになるまで練る．

3 ②にラードを入れて，よくこねる．

4 ボウルから取り出し，台の上で生地の表面がなめらかになるまで練る．

5 生地が手につかなくなり，なめらかになればうすくラードを塗ったボウルに入れる．ラップフィルムで覆い，30℃くらいの場所で生地が2倍くらいに膨らむまで発酵させる（一次発酵約30分）．発酵終了の目安は p.113, 114 参照．

6 生地を軽くガス抜きし，8等分して，それぞれを丸め，めん棒で軽くのばし，中央にあんをおいて包む．肉まんはひだを寄せて包み，あんまんはひだを入れずに包み，包み終わりを下にして形を整える．

7 蒸し器にクッキングシートをしいて⑥をおき，ラップフィルムで覆い 10 ～ 15 分発酵させる．

8 中火の蒸し器で12分蒸す．

〇肉あん

1 たけのこは5 mm角に切る．

2 たまねぎ，水で戻した干ししいたけは石づきを取り，5 mm角くらいに切る．

3 ボウルに豚ひき肉を入れ①，②，調味料を入れてよく混ぜ，4等分に丸める．

〇ごまあん

1 黒ごまは鍋で軽く炒り，すり鉢ですりつぶす．

2 こしあんを入れて混ぜ4等分に分けて，丸めておく．

調理の Science ポイント

・蒸す間にも膨らむので，間隔をおいて蒸し器に並べる．

・蒸し器で蒸す際は，蓋にふきんをかけて水滴が落ちないように蒸す．

・小麦粉にラードを加えて皮を作ると，のばしやすく乾きにくい．

・生地をのばすときは中央を厚めに，周囲をうすくのばすと破れにくい．

Recipe アメリカンクッキー

調理時間 **40**分

エネルギー	945 kcal
たんぱく質	10.9 g
脂質	52.9 g
食塩相当量	0.1 g

※10個分

材料（10個分）

バター（食塩不使用）・・・・・・・・・	50 g
塩・・・・・・・・・・・・・・・・・	少々
砂糖・・・・・・・・・・・・・・・・	30 g
卵・・・・・・・・・・・・・・・・・	6 g
重曹・・・・・・・・・・・・・・・・	1 g
薄力粉・・・・・・・・・・・・・・・	85 g
チョコチップ・・・・・・・・・・・・	12 g
スライスアーモンド・・・・・・・・・	10 g

［作り方］

1. バターは室温に戻しておく.

2. スライスアーモンドは160℃のオーブンで10分ローストし, 粗く刻んでおく.

3. 薄力粉, 重曹は合わせてふるっておく.

4. ボウルにバターを入れて白っぽくなるまで混ぜ, 塩を加える. 砂糖を2〜3回に分けて入れ, クリーム状になるまでよくすり混ぜる.

5. ④に卵を少しずつ加え, よくすり混ぜる.

6. チョコチップ, ②, ③を入れてさっくり混ぜ, 直径3 cmの棒状にまとめラップフィルムで覆い, 冷蔵庫で休ませる（約30分）.

7. オーブンを180℃に予熱する.

8. ⑥を0.5 cm厚さに切り形を整える. オーブン皿にクッキングシートをしいて並べる.

9. 180℃のオーブンで12〜13分焼く.

10. 焼き上がれば取り出し, 器に盛りつける.

調理の Science ポイント

- 重曹（炭酸水素ナトリウム）に水を加え, 発生する二酸化炭素を利用し生地を膨化させる. 加熱することでより多くの二酸化炭素が発生する.

- 重曹を加えると生地がアルカリ性になるため, 小麦粉の色素フラボノイドが黄変する. フラボノイドは, 酸性で無色, アルカリ性で黄色になる（p.38, 39参照）.

- バターを小麦粉生地に練り込んで焼くと, ショートニング性（もろく砕けやすい性質）が得られる.

- 油脂が小麦粉中のたんぱく質に付着し, グルテン形成を抑える. またでんぷんに付着し糊化を阻害することで, 生地の粘性が弱まり, サクサクとした食感が得られる.

 マフィン

⏱ 調理時間 40分	ⓔ 303 kcal
	ⓣ 3.3 g
	ⓒ 18.2 g
	食塩相当量 0.1 g

材料（マフィン型 1 個分）

バター（食塩不使用）・・・・・・・・・・	20 g
砂糖・・・・・・・・・・・・・・・・・・	15 g
卵・・・・・・・・・・・・・・・・・・・	12.5 g
薄力粉・・・・・・・・・・・・・・・・・	20 g
ベーキングパウダー・・・・・・・・・・・	0.5 g

〔作り方〕

1. バターは室温に戻しておく.

2. 薄力粉とベーキングパウダーは合わせてふるっておく.

3. オーブンは170℃に予熱しておく.

4. ボウルにバターを入れて白っぽくなるまで混ぜ，砂糖を 2～3 回に分けて入れ，クリーム状になるまですり混ぜる.

5. ④に卵を少しずつ加え，よくすり混ぜる.

6. ②を加え，練らないようにさっくり混ぜる.

7. マフィン型に流し入れ，170℃のオーブンで約 20 分焼く.

8. 焼ければ型から取り出し，冷まして器に盛りつける.

調理の Science ポイント

・ベーキングパウダーは，重曹に中和や炭酸ガスの発生促進を目的として，酒石酸やミョウバンなどの酸性剤と緩衝剤のでんぷんを加えたもの．重曹はアルカリ性のため，薄力粉生地を黄変させるが，酸性剤が配合されたベーキングパウダーは生地の色にあまり影響を与えない.

・ベーキングパウダーを使用するときは薄力粉とよく混ぜ，ふるいにかけて用いる．ふるいにかけると，均等に混ざりやすくなる.

Recipe

スポンジケーキ

調理時間 90分

		1858 kcal
五		23.1 g
た		
脂		118 g
食塩相当量		0.6 g
※1台分		

材料（直径 15 cm 丸型 1 台分）

＊スポンジケーキ
卵　・・・100 g（2 個）
砂糖　・・・・　60 g
薄力粉　・・・　60 g
バター　・・・　20 g
（食塩不使用）
＊シロップ
砂糖　・・・・　6 g
水　・・・・・　12 g

キルシュワッサー
　・・・・・・　12 g

生クリーム・・・　200 ml
砂糖・・・・・　25 g
いちご，キウイフルーツなど
　・・・・・・・・適量
ミント（葉）・・・・適量

［作り方］

1　型にクッキングシートをしいておく．

2　オーブンは 180℃に予熱しておく．

3　薄力粉はふるっておく．バターは湯せんで溶かしておく．

4　ボウルに卵を入れて混ぜ，砂糖を加え軽く混ぜ，湯せんでひと肌程度（36℃くらい）に温める．

5　湯せんからはずし，一気に泡立てる．

6　生地をすくい落とし，リボン状に落ちるくらいになるまで泡立てる．

7　泡立て器をはずし，薄力粉を加え，さっくりと混ぜ，湯せんで溶かした熱いバターを入れる．

8　型に流し，180℃のオーブンで約 15 分焼く．

9　焼ければ型から取り出し，冷ます．

○シロップ

鍋に砂糖，水を入れて温め，火を止め粗熱を取り，キルシュワッサーを入れる．

○仕上げ

1　ボウルに生クリーム，砂糖を入れて泡立てる．

2　フルーツは刻んでおく．

3　スポンジは横半分に切りに断面にシロップ，生クリームを塗り，フルーツを散らすようにおく．スポンジをのせ表面にシロップ，生クリームを塗り，上にフルーツをのせクリームを絞る．

4　器に盛りつけ，ミントの葉を飾る．

調理の Science ポイント

・卵白中には強い起泡性のあるたんぱく質が含まていて，泡立てると空気を取り込み泡立つ．卵白だけで泡立てるより全卵で泡立てる方が泡立ちにくいが，湯せんで温めながら（35 〜 40℃）泡立てると表面張力が弱まり，泡立ちやすくなる．

・泡立てるときに泡立て器やボウルに油脂がついていると，気泡をつぶし泡立ちが悪くなる．卵黄にも油脂が含まれているが，皮膜に包まれているため，気泡がつぶれずに泡立つ．

・オーブンで焼くと取り込まれた空気が熱膨張し，水分が水蒸気となり，生地を押し上げ膨化する．

シュークリーム

調理時間 90分

エ	364 kcal
た	9 g
脂	19.8 g
食塩相当量	0.2 g

※ 2 個分

材料（8個分）

＊生地		＊カスタードクリーム	
水 ・・・	100 ml	卵黄 ・・・・	2 個
バター・・・	30 g	砂糖 ・・・・	60 g
（食塩不使用）		薄力粉 ・・・	24 g
薄力粉 ・・・	50 g	牛乳 ・・・	300 ml
卵 ・・	100 g（約2個）	バニラエッセンス	
		・・・・・・	少々

＊仕上げ	
生クリーム ・	40 g
砂糖 ・・・・	10 g
粉糖 ・・・・・	少々

［作り方］

○シュー生地

1 バターは1cm角に切る.

2 鍋に水，バターを入れて火にかける.

3 沸騰すれば火からおろし，薄力粉を一度に加え手早く混ぜる.

4 弱火にかけ練り，生地がまとまり，鍋底から離れ，鍋底に薄い膜が張るくらいになるまで火を通し，火からおろす.

5 溶きほぐした卵を少しずつ加えて混ぜ，硬さを整える.

6 生地を木べらですくい落とし，逆三角形になりゆっくり落ちるくらいの硬さに調整する（硬ければ卵を加える）.

7 直径1.2cmの丸型の口金を入れた絞り袋に入れる.クッキングシートをしいたオーブン皿に，間隔を空けて丸く絞る.

8 表面に霧を吹き，180℃のオーブンで20分焼き，そのまま扉を開けず5分おく.

○カスタードクリーム

1 ボウルに卵黄，砂糖を入れてすり混ぜる.

2 ①に薄力粉を入れて軽く混ぜる.

3 ②に温めた牛乳を少しずつ加えて混ぜ，一度こして，鍋に戻す.

4 火にかけ弱火で混ぜながら加熱し，沸騰してとろみがつけば1～2分加熱する.火からおろしバニラエッセンスを入れて混ぜ，バットに取り出し冷ます（表面をラップフィルムで覆う）.

○仕上げ

1 ボウルに生クリーム，砂糖を入れて八分立てにする.

2 別のボウルにカスタードクリームを入れて混ぜ，①を加え混ぜ，絞り袋に入れる.

3 シュー生地の高さ1/3くらいのところを切り，②のクリームを詰める.

4 器に盛りつけ，粉糖を振って仕上げる.

＊フランス語でシューは「キャベツ」という意味.
＊生クリームは乳脂肪分40～50%のものが多く使用される.

調理の Science ポイント

・熱湯に薄力粉とバターを合わせ加熱し，小麦粉のでんぷんを十分に糊化させ，のびのよい生地を作る.

・高温で焼くことで生地の中に含まれる水分が水蒸気になり，生地を内側から押し広げ，膨張し内部が空洞化する.

・焼く前に霧を吹くことで，シューの表面が焼けるまでに時間がかかり，その間に生地がのびて大きく膨らむ.

ミルフィーユ（折り込みパイ）

調理時間 60分

ⓔ	1558 kcal
ⓣ	21.8 g
ⓖ	99.2 g
食塩相当量	1.3 g

※ミルフィーユ1台分

材料（1台分）

折り込みパイ生地・・・・・　でき上がり200 g
打ち粉・・・・・・・・・・・・・・　少々
カスタードクリーム・・・・・・・・・　100 g
　　　　　　　　　　（p.119のでき上がりの1/2量）
いちご・・・・・・・・・・・・・・100 g

［作り方］

1　オーブンは200℃に予熱しておく.

2　台に打ち粉を振り，でき上がった折り込みパイ生地を20
　×30 cmにのばす. 20×10 cmの大きさに, 3等分に切る.

3　オーブン皿に②をおき，重し（オーブン皿など）をのせ，10
　分焼く.

4　重しを外し，さらに10分焼き冷ます.

5　いちごは半量をうす切りに，残りは縦半分に切る.

6　カスタードクリームは絞り袋に入れる.

7　焼き上がった生地にカスタードクリーム1/3を絞り，いち
　ごのうす切り半量をのせ，生地をのせて重ね，もう一度繰
　り返す.

8　3枚目の生地をのせ，カスタードクリーム，半分に切った
　いちごをのせる.

9　器に盛りつけ，ミントの葉をのせる.

折り込みパイ

調理時間 **90分**

㋙		2029 kcal
㋉		21 g
㋰		144.1 g
食塩相当量		2 g

※下記の分量

材料（作りやすい分量）

薄力粉 ・・・・・・・・・・・・・・・	100 g
強力粉 ・・・・・・・・・・・・・・・	100 g
塩 ・・・・・・・・・・・・・・・・・・	少々
バター ・・・・・・・・・・・・・・・	20 g
（食塩不使用）	
冷水 ・・・・・・・・・・・・・・・・	100 ml
折込用バター ・・・・・・・・・	150 g
打ち粉 ・・・・・・・・・・・・・・	適量

［作り方］

1 強力粉と薄力粉は合わせてふるう.

2 バターはさいの目に切っておく.

3 ボウルに①，塩を加えて混ぜ，②のバターを入れスケッパーで小豆大になるまで切り混ぜる.

4 中央をくぼませ，冷水を一気に加え練らずにまとめる.

5 ラップフィルムで包み,冷蔵庫で休ませる（約1時間）.

6 折込用バターは，1 cm 厚さの正方形に形を整える.

7 打ち粉をした台に⑤の生地をおき，バターよりひとまわり大きくのばす.

8 生地の真ん中にバターの角を 45°ずらしてのせ，空気が入らないように包む.

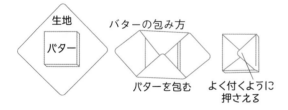

生地

バター

バターの包み方

バターを包む

よく付くように押さえる

9 生地に打ち粉をし，縦長に 70 cm くらいにのばす.

合わせ目を
下にして伸ばす

10 ⑨を三つ折にし，生地を 90°回転させ，同様にのばし3つ折りにする.

11 3つ折りを2回繰り返す．生地を休ませ（1時間），さらに⑨〜⑪の工程を2回繰り返す.

調理の Science ポイント

・折り込みパイは，小麦粉と水を合わせた生地にバターを入れて折りたたんで作る.

・高温で焼くと，バターは溶けて生地に吸収され,バターの部分にすき間ができる.

・このすき間に，生地やバターに含まれる水分が加熱により水蒸気として発生し，生地をもち上げ空洞ができる.

クロワッサン（断面）
膨化により生地がもち上げられ，
空洞ができている

豆類と野菜類に分類される

9 { 豆の種類とその違いを知っておこう }

rice flour beans –

豆は収穫する時期や状態により，豆類と野菜類に分類されます（「日本食品標準成分表」）．「豆類」に分類される豆は，完熟した豆を乾燥し食用としたものです．未熟種子，未熟種子とさや，豆を発芽させたものは野菜類に分類されます．

大豆は「畑の肉」といわれ，栄養価が高く豆腐や納豆，みそやしょうゆなどに加工され，たんぱく質の供給源となっています．豆類は穀類に不足する必須アミノ酸のリシンを含んでいるので，穀類と一緒に摂取するとたんぱく質補足効果が高くなります．たんぱく質の補足効果とは，他の食品を組み合わせて，食事の栄養価を全体に高めることです．

表　豆の種類

豆類	たんぱく質と脂質が多く糖質が少ない	大豆，らっかせい
	たんぱく質と糖質が多く脂質が少ない	小豆，いんげん豆，そら豆，金時豆
野菜類	未熟種子を食用とする	枝豆，えんどう
	未熟種子とさやを食用とする	さやえんどう，さやいんげん，スナップえんどう
	豆を発芽させたものを食用とする	大豆もやし，緑豆もやし
大豆	生大豆には，消化酵素トリプシンの働きを阻害するトリプシンインヒビターが含まれている．加熱するとその作用を失う 女性ホルモンであるエストロゲンと類似の働きがあるイソフラボンを含み，またサポニンには，抗酸化作用がある	

写真　大豆の戻す前（左），戻したあと（右）

五目豆

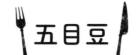

調理時間 60分 | ⊥ 105 kcal
た 6.7 g
脂 3.3 g
食塩相当量 0.8 g
※豆を戻す時間は除く、6人分で計算

材料（4〜6人分．作りやすい分量）

大豆（乾燥）・・・・・・・・・・・・・・・100 g
ごぼう・・・・・・・・・・・・・・・・・・40 g
にんじん・・・・・・・・・・・・・・・・・40 g
れんこん・・・・・・・・・・・・・・・・・40 g
干ししいたけ・・・・・・・・・・・・・・・4 g
こんにゃく・・・・・・・・・・・・・・・・60 g

＊豆の煮汁
だし・・・・・・・・・・・・・・・・・・600 ml
砂糖・・・・・・・・・・・・・・・・・・・27 g
淡口しょうゆ・・・・・・・・・・・・・・・18 g
しょうゆ・・・・・・・・・・・・・・・・・8 g

［作り方］

1 大豆は洗い，たっぷりの水に浸けておく（一晩，約8時間）．夏季は冷蔵庫に入れる．

2 ごぼうは包丁の背で皮をこそげ7 mm角に，にんじん，れんこんは皮をむき7 mm角に切る．ごぼう，にんじんは水に浸してあくを抜く．

3 こんにゃくはゆでて7 mm角に切る．干ししいたけは水で戻し，軸と石づきを取り，7 mm角に切る．

4 鍋に水気を切った①，だし，②，③を入れて火にかける．

5 豆が軟らかくなれば砂糖を加え，途中でしょうゆを加え弱火で煮る．

6 冷まして味を含ませ，器に盛りつける．

＊圧力鍋を使用し加熱すると，加熱時間が短縮され，味もよくなる．

 ## 調理の Science ポイント

・豆の約5倍の水に5〜8時間水に浸けて吸水させ，乾燥重量の2倍強に膨潤させてから加熱する．水に浸漬すると種皮にしわが寄るが，その後子葉が吸水し，しわが伸びる．膨潤してから豆が軟らかくなるまで加熱する．

・大豆たんぱく質グリシニンは塩溶性で，1%の食塩水に浸けると吸水が速やかに起こり，加熱による軟化が促進される．

・重曹（0.3%）を入れて煮ると軟化は促進するが，味が落ち，ビタミン B_1 が流出してしまう．重曹を入れて煮るときは0.3%以下とする．

・水温が高いときは短く，低いときは長く浸ける．新豆はひね豆（昨年の豆）より吸水しやすく，吸水率も高い．

・砂糖は，豆が軟らかくなってから数回に分けて加える．砂糖を一度に入れ高濃度の調味液で長時間加熱すると，種皮にしわが寄り，収縮して硬くなる．

黒　豆

調理時間 9時間	エ	98 kcal
	た	5.6 g
	脂	3.3 g
	食塩相当量	0.5 g

※豆を戻す時間は除く、20人分で計算

材料（約20人分．作りやすい分量）

黒豆・・・・・・・・・・・・・・・ 300 g

＊豆の煮汁
温湯（30℃くらい）・・・・・・・・ 1200 ml
重層・・・・・・・・・・・・・・・ 1.5 g
還元鉄・・・・・・・・・・・・・・・ 2 g
砂糖・・・・・・・・・・・・・・・ 160 g
しょうゆ・・・・・・・・・・・・・ 36 g
塩・・・・・・・・・・・・・・・・・ 5 g

［作り方］

1. 鍋に煮汁の調味料を合わせ，砂糖が溶けるまで温める．

2. 黒豆は洗って水気を切り，①に浸漬する（8時間から一晩）．

3. ②を火にかけ沸騰すればあくを取り，クッキングシートなどで落し蓋を作り，かぶせる．

4. 常に豆が煮汁に浸っているように湯を足しながら，豆が軟らかくなるまで煮る．弱火で約7～8時間煮る．

5. 豆が軟らかくなれば火を止め冷まし，器に盛りつける．

＊おせち料理の黒豆には「元気でまめに働けるように」という願いが込められている．

＊黒豆は新豆で大粒，粒の大きさがそろっていて虫食いのないものを選ぶ．

調理の Science ポイント

・黒豆の色素はアントシアン系のクリサンテミンである．鉄イオンと結合し安定した黒色になる．鉄鍋を用いて煮る，煮沸消毒した古くぎをガーゼに包んで煮る，など還元鉄（粉末状の金属鉄と同じ働き．薬局で入手できる）を利用するとよい．

・重曹を入れると豆が軟らかくなるが，使用量が多いとアルカリ性になり赤紫色になる．

・煮汁が少なくなり煮汁の表面から出てしまうと，豆にしわが寄る．煮ている間は豆が煮汁に十分浸るように湯を足しながら煮る．

・水を加えると，豆にしわが寄ってしまうので湯を足す．

10 {大豆の加工品を知っておこう}

rice flour beans –

大豆の加工品には次にあげるように，さまざまな食品があり，大豆は中国から日本に弥生時代に伝えられたともいわれています．

その後，肉食を禁じる仏教の広まりとともに，私たちの食生活に浸透していきました．

表 大豆の加工品（枝豆，大豆もやしは加工品ではない）

豆腐	豆乳ににがり（塩化マグネシウム），すまし粉（硫酸カルシウム），グルコノデルタラクトンなどの凝固剤を加えて固めたもの
木綿豆腐	うすい豆乳を凝固し圧搾して成形
絹ごし豆腐	濃い豆乳を容器でそのまま固める
油揚げ（薄揚げ）	薄く切った豆腐を水切りし，油で二度揚げしたもの
生揚げ（厚揚げ）	厚く切った豆腐を水切りし，油で揚げたもの
納豆	蒸した大豆に納豆菌をつけ，発酵させたもの ビタミン K_2 が豊富に含まれる
高野豆腐	豆腐を冷凍し，解凍後に，脱水し乾燥させたもの
湯葉	豆乳を加熱し，表面にできる薄い膜をすくい取ったもの（生湯葉）生湯葉を乾燥させたものが干し湯葉．低エネルギー，高たんぱく質で消化もよい
おから（うのはな）	豆乳を作るときにできる，豆乳の絞りかす．食物繊維を多く含み，低エネルギー
きなこ	炒った大豆を粉砕したもの
がんもどき（ひりょうず）	水切りした豆腐にひじき，野菜などを入れ，卵や山いもなどのつなぎを加え成型し，油で揚げたもの
豆乳	豆腐を作る過程でおから（豆乳の絞りかす）を取り除いたもの 大豆固形分 8 ％以上のもの．「成分無調整豆乳」と表示されている
調製豆乳	豆乳に植物性油脂，砂糖，塩などを加えたもの．大豆固形分 6 ％以上のもの
豆乳飲料	調製豆乳に野菜の絞り汁，果汁，乳，または乳製品を加えたもの 大豆固形分が 4 ％以上のもの
みそ	蒸煮した大豆に，米や麦の麹菌と食塩を混ぜて熟成した発酵食品
しょうゆ	蒸煮した大豆と小麦を混合し，麹菌を加え，さらに食塩水を加え半年から 1 年発酵熟成させる
枝豆	大豆を完熟前に収穫した未熟豆．大豆にはほとんど含まれていないビタミン C を含む
大豆もやし（豆もやし）	大豆を発芽させたもの．大豆にはほとんど含まれていないビタミン C を含む

調理する前に浸漬しない

11 { 小豆の構造を知っておこう }

rice flour beans -

小豆の種皮は硬く，吸水速度が遅く，珠孔部（しゅこう）から少しずつ吸水します．長時間吸水すると，種皮の内部の子葉が先にふくらみ皮が破れて「胴割れ」が起こります．そのため小豆は他の乾物の豆類と異なり，浸漬せずに直接鍋に入れて加熱します．

あくの成分である，サポニンやタンニン，カリウムなどを取り除くため，一度沸騰すれば，ゆで汁を捨てます（渋切り）．その後，さっと洗い鍋に戻し，水を加え，豆が軟らかくなるまで加熱します．

次に，小豆の代表的な調理で，いろいろな料理に使う「あん」について説明します．

あん
○ 生こしあん（こしあん）
① 小豆に約3倍量の水を入れて沸騰すればざるに上げ，渋切り（p.100 参照）をしてタンニンなどを取り除く．
②水を入れて弱火で煮る．豆が軟らかくなれば，ボウル，その上に裏ごし（または，目の細かいざる）を置き，小豆の煮汁とともに入れ，豆を押しつぶしながらこし，皮を取り除く．

③上澄みを捨てて木綿のこし袋に入れてこし，硬く絞る．

○ 粒あん
生こしあんと同様に作る（①まで）．軟らかくなるまで豆粒を残しながらゆで，砂糖を数回に分けて入れる（豆は形が残るように煮上げる）．

○ つぶしあん
粒あんと同じ要領で煮て，豆がつぶれ豆の皮が混ざっているあん．

○ さらしあん
こしあんを水でさらし，脱水し乾燥させたもの．

○ 練りあん
生こしあんに砂糖を加えて練ったもの．

参考文献

【調理学に関する】

山崎清子・島田キミエほか，『New 調理と理論』，同文書院（2011）.

青木三恵子 編，『調理学　第 3 版』＜エキスパート管理栄養士養成シリーズ 11 ＞，化学同人（2011）.

久木久美子・新田陽子・喜多野宣子，『調理学：おいしく安全に調理を行うための科学の基礎』，化学同人（2011）.

木戸詔子・池田ひろ 編，『調理学 第 3 版』＜新食品・栄養科学シリーズ＞，化学同人（2016）.

中嶋加代子 編著，『調理学の基本：おいしさと健康を目指す　第 3 版』，同文書院（2016）.

山崎英恵 編，『調理学：食品の調理と食事設計　食べ物と健康 4 』＜ Visual 栄養学テキスト＞，中山書店（2018）.

【調理実習に関する】

西堀すき江 編著，『食育に役立つ調理学実習』，建帛社（2007）.

水谷令子ほか，『たのしい調理：基礎と実習　第 4 版』，医歯薬出版（2008）.

新調理研究会 編，『これからの調理学実習：基本手法から各国料理・行事食まで』，オーム社（2014）.

新調理研究会 編，『基礎から学ぶ調理実習』，オーム社（2014）.

大谷貴美子・饗庭照美 編，『調理学実習：食べ物と健康，給食の運営　第 2 版』＜栄養科学シリーズ NEXT ＞，講談社（2019）.

【食品成分，料理のコツ，お菓子作りなどに関する】

「新しい食生活を考える会」編著，『新ビジュアル食品成分表：食品解説つき　新訂第 2 版』，大修館書店（2016）.

杉田浩一，『「こつ」の科学：調理の疑問に答える　新装版』，柴田書店（2006）.

河田昌子，『新版　お菓子「こつ」の科学：お菓子作りの「なぜ？」に答える』，柴田書店（2012）.

辻製菓専門学校 監，中山弘典・木村万紀子共著，『科学でわかるお菓子の「なぜ？」』，柴田書店（2009）.

香川明夫 監，『七訂食品成分表 2020』，女子栄養大学出版部（2020）.

【管理栄養士国家試験に関する】

東京アカデミー 編，『管理栄養士国家試験対策完全合格教本 2020 年版下巻』＜オープンセサミシリーズ＞，東京アカデミー七賢出版（2019）.

医療情報科学研究所 編，『クエスチョンバンク管理栄養士国家試験問題解説 2020』，メディックメディア（2019）.

医療情報科学研究所 編，『レビューブック管理栄養士 2020』，メディックメディア（2019）.

【その他】

日本ハム HP　https://www.nipponham.co.jp/recipes/meat/knowledge/beaf/

索 引 index

＊ 調理用語 ＊

索引

＊レシピ名＊

【著者略歴】

杉山 文 すぎやま あや

1990 年　帝塚山大学教養学部卒業
1991 年　辻学園調理技術専門学校卒業
2004 年　辻クッキング心斎橋校校長就任
2009 年　大阪府立大学大学院総合リハビリテーション学研究科
　　　　　修士課程修了
現　在　相愛大学人間発達学部発達栄養学科准教授
　　　　　保健学修士　管理栄養士　料理研究家　杉山文料理研究室主宰
専　門　調理学，調理学実習

料理写真撮影　田中幹人
撮影協力（スタイリング）　林　眞弓，堀　百

見て納得　おいしい料理のサイエンス
いつもの味が生まれ変わる極上レシピ

2020 年 8 月 10 日　第 1 版　第 1 刷　発行
2022 年 9 月 10 日　　　　　第 2 刷　発行

検印廃止

著　者	杉山　文
発行者	曽根　良介
発行所	株式会社化学同人

〒 600-8074　京都市下京区仏光寺通柳馬場西入ル

編集部	TEL 075-352-3711　FAX 075-352-0371
営業部	TEL 075-352-3373　FAX 075-351-8301
振　替	01010-7-5702
e-mail	webmaster@kagakudojin.co.jp
URL	https://www.kagakudojin.co.jp

本文・DTP　YOROKOBO
印刷・製本　株式会社シナノパブリッシングプレス